Viver com Deus é uma bênção

Jilton Moraes e Ester Moraes

Viver com Deus
é uma bênção

Jilton Moraes e Ester Moraes

Viver com Deus é uma bênção
Jilton Moraes e Ester Moraes

Copyright da obra original © 2011 por Jilton e Ester Moraes.
Copyright da tradução © Vida Melhor Editora S.A., 2013.

Publisher	*Omar de Souza*
Editor responsável	*Samuel Coto*
Produção editorial	*Thalita Aragão Ramalho*
	Luana Luz
Capa	*Nathalia Barone*
Copidesque	*Mariana Moura*
	Daniel Borges
Revisão	*Margarida Seltmann*
Diagramação e projeto gráfico	*Carmen Beatriz*

CIP-BRASIL. CATALOGAÇÃO NA FONTE
SINDICATO NACIONAL DOS EDITORES DE LIVROS, RJ

C266c

Moraes, Jilton,
  Viver com Deus é uma bênção: como desenvolver a comunhão com o criador/
Jilton Moraes e Ester Moraes. - Rio de Janeiro: Thomas Nelson Brasil, 2013.

  ISBN 978-85-7860-374-8

  1. Aspectos religiosos - Cristianismo. 2. Vida cristã. I. Moraes, Ester. II. Título.

12-2975.   CDD: 248.4
                 CDU: 27-584

Thomas Nelson Brasil é uma marca licenciada à Vida Melhor Editora S.A.
Todos os direitos reservados à Vida Melhor Editora S.A.
Rua Nova Jerusalém, 345 – Bonsucesso
Rio de Janeiro – RJ – CEP 21402-325
Tel.: (21) 3882-8200 – Fax: (21) 3882-8212 / 3882-8313
www.thomasnelson.com.br

Sumário

	Introdução	7
Capítulo 1	O vazio	11
Capítulo 2	Quem é Deus?	17
Capítulo 3	Sede de Deus	25
Capítulo 4	Onde está Deus?	31
Capítulo 5	Ouvir e crer	39
Capítulo 6	É preciso ter fé	45
Capítulo 7	A vida toda	51
Capítulo 8	Deus me ouve	57
Capítulo 9	Pessoal e intransferível	63
Capítulo 10	Mudança para valer	69
Capítulo 11	Um valor maior	75
Capítulo 12	Por que estou deprimido?	81
Capítulo 13	Vacina contra o medo	89
Capítulo 14	Vendo o invisível	97
Capítulo 15	Em meio aos escombros	103
Capítulo 16	Ele está comigo	109
Capítulo 17	Os outros são importantes	115
Capítulo 18	Agora posso perdoar	123
Capítulo 19	O que Deus quer?	131
Capítulo 20	A diferença	139

Capítulo 21	Dinheiro faz bem: como não?	145
Capítulo 22	Alegre todo o tempo	153
Capítulo 23	Em paz na aflição	159
Capítulo 24	Nada me faltará	165
Capítulo 25	Melhor do que dinheiro	171
Capítulo 26	Aprendendo a esperar	179
Capítulo 27	Sem medo da morte	185
Capítulo 28	A alegria vem	193
Capítulo 29	Um Deus acessível	201
Capítulo 30	De braços abertos	209
	Conclusão	219
	Notas bibliográficas	221

Introdução

Estamos alegres por você estar lendo este livro. Que bom que ele chegou às suas mãos! Nosso objetivo ao escrevê-lo e publicá-lo é mostrar a necessidade que todos temos de viver em comunhão com Deus. Para isso, cada capítulo foi cuidadosamente preparado, com a finalidade de não só tornar a sua leitura a mais agradável possível, mas também de incentivá-lo a ir experimentando pouco a pouco os princípios aqui compartilhados.

Muitas das experiências narradas foram vividas por nós, autores. Às vezes compartilhamos as vivências; em outras ocasiões, elas ocorreram somente com um de nós. São experiências de mais de quarenta anos de atividades profissionais — como conselheiros, professores, consultores e palestrantes — e pessoais — como esposo e esposa.

O início de nossa empreitada focaliza o vazio existente em nós até o momento em que nos encontramos com Deus: só o preenchimento desse vazio acaba com o sofrimento que tanto nos incomoda. E isso só é possível quando buscamos conhecer o Todo-Poderoso e viver em comunhão com ele: assim encontramos a verdadeira paz. Nesse processo de busca, nos deparamos com a indagação: quem é Deus? Por mais que estudemos o pensamento de teólogos e até conheçamos a fundamentação bíblica, não encontraremos resposta satisfatória enquanto não nos dispusermos a, na experiência pessoal, conhecer esse maravilhoso Deus

Criador. Quanto mais o conhecemos, mais somos abençoados e incentivados a viver em comunhão com ele, obedecendo e servindo a ele.

A partir de então, começamos a satisfazer a nossa sede de Deus, o que vai se tornando mais real à medida que tornamos intensa a comunhão com o Pai Eterno, a única fonte da água da vida, capaz de nos saciar completamente. Mas a busca frutífera deve ser empreendida de todo o coração: abrimos o nosso interior para experimentar a real comunhão com o Pai Celestial, e isso nos faz constatar que ele está ao alcance de todos que o buscam em verdade. Pedimos ao Senhor que o desenvolvimento da nossa fé aconteça na medida do nosso conhecimento dele: quanto mais o conhecemos, mais a nossa fé e o nosso amor se desenvolvem.

Esse processo envolve o ouvir e o crer: a nossa fé vai sendo fortalecida a ponto de não vivermos em função das bênçãos materiais, mas da realização de estarmos nas mãos do Senhor e da certeza de que ele provê tudo o que necessitamos. O nosso alvo maior, mais que um comportamento religioso, é buscar constante comunhão com Deus. E essa decisão pessoal é traduzida por um novo estilo de vida para a honra e a glória dele. Nesse processo, aprendemos que vale a pela confiar: Deus nos conhece, nos ouve e nos responde. Mais ainda, aprendemos a não esperar respostas padronizadas: ele sabe do que precisamos e oferece o melhor para cada um de nós. Assim seguimos, alicerçando mais e mais a fé em Jesus, pois a nossa comunhão pessoal com Deus independe dos outros ou das circunstâncias; ela decorre unicamente da nossa fé e do nosso desejo de viver diante dele.

Comprometidos com Deus, iniciamos um processo total de mudança; deixamos que Jesus realize essa transformação, e assim nos sentimos perdoados e libertos. Resultado: passamos a ver novo valor na vida, não mais determinado pela quantidade de bens que possuímos, mas pela qualidade do relacionamento que desejamos ter com Deus e com o próximo.

Nesse estágio de maturidade, alguém até pode se deprimir, passar por momentos de ansiedade, mas está ciente da assistência do Alto. Assim, não há mais razão para o medo, pois estamos protegidos nos braços do Eterno Pai, que nos garante sua presença em todo o tempo: ele vê o invisível, conhece o nosso coração, sente o nosso sofrer, enxuga as nossas lágrimas e torna possível o impossível. Pode haver alguém melhor do que ele para nos ajudar?

É imprescindível seguir firme nesta empreitada, como objetivo de fortalecer a fé. Mesmo em meio às dificuldades e até não tendo respostas nem soluções, sabemos que a melhor saída está no Todo-Poderoso: ele responde e faz milagres.

Diante disso, o que nos resta é viver para retribuir a amizade de Jesus, pois ninguém nos ama tanto quanto ele, que morreu no nosso lugar — mas venceu a morte. Isso nos motiva a sermos amigos dele sempre, certos de que ele está conosco o tempo todo. E o melhor é que, convivendo com ele, aprendemos a conviver com as outras pessoas, aceitando-as, amando-as e ajudando-as de acordo com a realidade de cada uma, não segundo os nossos critérios e expectativas. Assim, nos tornamos capazes de perdoar sem estabelecer restrições nem esperar vantagens, tão somente para continuarmos sendo felizes e podendo suplicar o perdão de Deus.

Quer saber mais? Nessa jornada, buscamos conhecer o plano de Deus, estamos dispostos a nos levantar e a fazer o que ele nos manda, pois a vontade dele é boa, agradável e perfeita. O caminho para alcançar o alvo é valorizar a comunhão com Deus, desprezando aparentes valores que terminam na fraude de desvalorizar quem os valoriza.

A razão da nossa busca é viver de acordo com os valores do Reino de Deus, procurando obter a riqueza que não se acaba, que nos dá condições de, mesmo parecendo que não temos nada, podermos ajudar aos necessitados. Com isso, experimentamos a verdadeira alegria, que pode ser encontrada somente pela fé em Jesus. Só assim seremos felizes em todos os momentos da vida, experimentando cotidianamente a paz completa que vem de Jesus.

A bênção que alcançamos é ter o Senhor Jesus como Pastor, sabendo que ele garante a necessária provisão, que nos dá plena satisfação. Isso nos capacitará a utilizar o dinheiro apenas como meio à aquisição do que é necessário para a sobrevivência, tomando cuidado para não o colocar como o mais importante na vida.

Diante de Deus aprendemos a exercitar a capacidade de esperar, aguardando a resposta que vem dele, nunca decidindo sem procurar saber o plano divino sobre o assunto. E nesse exercício enxergamos a nossa fragilidade e finitude. E, capacitados pela fé em Jesus, passamos a viver convictos de que a morte não é o fim: pela fé, temos a segurança de receber de Jesus a vida eterna, prometida aos que creem no seu Nome. O que mais podemos desejar? Prosseguir firmes em Jesus nos embates da vida, com a certeza de que ele transforma as crises em oportunidades e o nosso choro em um hino de louvor ao nosso Deus, certamente é anseio de todos nós.

Este livro nos mostra que felizes são as pessoas que têm sabido aproveitar, enquanto é tempo, a aproximação providenciada por Deus, enviando-nos Jesus Cristo, para tornar possível o acesso a ele. Apenas dessa maneira podemos viver em comunhão com Deus, o nosso Pai, que de braços abertos espera a volta de todos quantos, pela fé, firmam o compromisso de seguir e obedecer ao Senhor Jesus.

Capítulo 1

O vazio

Como a corça anseia por águas correntes,
a minha alma anseia por ti, ó Deus.
— Salmos 42:1

Que posso fazer para completar o vazio que sinto dentro de mim? Essa indagação tem perturbado muita gente. Em algumas ocasiões, ela surge quando aparentemente não há vazio nenhum: a saúde vai bem, os amigos estão presentes, os negócios e os estudos vão às mil maravilhas, as contas estão pagas em dia, mas ainda assim falta algo para completar a realização. Por que todo esse vazio? Por que sentimos tão grande carência, quando nem mesmo somos capazes de saber o que falta?

Ei, amigo, amiga, estamos juntos. Como isso pode ser parecido com a sua história? Permita-nos dizer-lhe: é a história de todos nós. Escrevemos este livro para você — apesar de não nos conhecermos — e para nós também. Que bom que agora você está com ele em mãos, e assim começamos a ser apresentados. É você quem dá sentido a tudo o que aqui se encontra. Estamos felizes em podermos seguir juntos nesta jornada.

Quando duas pessoas começam a se conhecer, há sempre a possibilidade — e, às vezes, o anseio — do progresso desse relacionamento e da comunhão. Todos nós sabemos o que é comunhão; entretanto, ainda assim, não custa relembrarmos, especialmente no sentido em que aqui a empregamos. Entre as acepções desse vocábulo, encontramos: "Participação em comum em crenças, interesses ou ideias [...] Conjunto daqueles que comungam os mesmos ideais."[1] Será que estamos compreendendo? Pessoas estão em comunhão quando participam do mesmo sindicato, do mesmo partido político, da mesma igreja, do mesmo clube, do mesmo condomínio etc. O pensamento está correto, mas não está completo. Às vezes, duas pessoas fazem parte do mesmo sindicato, mas nunca se comunicam; apesar de filiados ao mesmo partido político, são terríveis opositores; frequentam a mesma igreja, porém nem se conhecem; participam do mesmo clube, contudo não se encontram; e, apesar de vizinhas, vivem completamente distantes.

A verdadeira comunhão é algo que não se restringe ao espaço físico e, às vezes, ao transpor as barreiras impostas pelas diferenças e pelos desencontros, permite que duas ou mais pessoas que teriam tudo para não se encontrar, encontrem-se e desfrutem uma boa amizade. Você tem algum amigo ou amiga que, mesmo tendo tudo para não participar de sua vida, insistiu em estabelecer autêntica comunhão com você? Nós temos amigos assim. E eles geralmente são os mais preciosos. Liste alguns dos seus amigos mais valiosos e pense no significado da comunhão de cada um deles em sua vida.

Fui chamado a visitar um homem que havia perdido a esposa em um acidente de carro. Mais do que sofrendo, ele estava inconsolável e revoltado com tudo o que acontecera. Apesar de não querer conversar, atendendo a conselhos dos filhos, me recebeu. Ouvi o desabafo de sua tristeza e revolta: julgava não ser capaz de superar o vazio da perda de sua esposa. Eu o ouvi com toda atenção; simplesmente o ouvi, encorajando-o a falar tudo que o afligia naquele momento. Não fiz muito mais além de ouvir o homem e falar da importância da comunhão com Deus. Despedi-me e ele nunca me procurou. Dois anos depois, nos encontramos em uma festa de aniversário. Ele tomou a iniciativa de falar

---

[1]FERREIRA, 1986, p. 443.

comigo; apresentou-me sua nova esposa e falou algo que eu não imaginava ouvir, mas que me fez refletir sobre a importância da comunhão:

— Devo a vida a este homem; se ele não tivesse ido me visitar no pior dia da minha vida, se não tivesse me ouvido, se não tivesse me falado do amor de Deus, eu não estaria aqui hoje.

Ele nem parecia a mesma pessoa. Falava com bastante alegria, enquanto me apresentava à esposa. E ainda acrescentou:

— Eu estava com o revólver pronto para atirar em minha cabeça, mas as suas palavras me fizeram acreditar que nem tudo estava perdido.

Fiquei assombrado só em pensar no peso da responsabilidade que todos nós temos nos nossos relacionamentos. Em minha mente, relembrei quadros vividos dois anos antes, tendo diante de mim um homem completamente desfalecido, transpassado pela dor da perda da esposa, jogado a uma cama, com um vazio tão grande e sem qualquer esperança de vê-lo um dia preenchido.

E como o milagre aconteceu? Toda mudança se tornou possível quando ele foi capaz de descobrir que o vazio daquela dor poderia ser preenchido. É interessante como tantas vezes acontecem milagres assim. A solução está perto de nós, em muitos casos, tão perto que não somos capazes de enxergar nem de acreditar. Em tais momentos, fixamos o nosso olhar no vazio e, com isso, nos tornamos incapazes de encontrar um meio de preenchê-lo. E quem insiste em olhar para o vazio, perde a capacidade de ver que, além do horizonte sombrio, um lindo dia começa a surgir. O dia claro vem após o temporal.

Você tem vivido uma experiência assim? Tente lembrar:

O que tem causado o vazio?

Como tenho reagido diante dessa situação?

Tenho buscado viver em comunhão com Deus?

O que é fundamental?

Preencher o vazio que me tortura e, para isso acontecer, eu preciso viver em constante comunhão com Deus, a fim de encontrar a verdadeira paz.

Você está interessado em viver em comunhão com Deus? Então, vamos seguir juntos. Esse é também o nosso propósito; nada melhor neste mundo do que viver com ele. No entanto, há um detalhe especial: estamos em uma empreitada executável; exigente, mas plenamente atingível. E vamos alcançá-la.

O que fazer?

É imprescindível reconhecer que o vazio existente precisa e pode ser preenchido.

- Tente descobrir a causa (ou as causas) do seu vazio interior.
- Peça a Deus que o ajude nessa tarefa, para que seja um busca produtiva.

Antes de prosseguir, tente falar com Deus: abra seu coração diante dele. Agora, com toda a sinceridade, assuma novos compromissos com o Criador:

- Vou dedicar parte expressiva do meu tempo para pensar em Deus todos os dias.
- Vou refletir a todo instante sobre tudo o que ele tem feito por mim.

Por mais que julguemos que tudo está bem, que não há qualquer vazio, ainda assim precisamos parar e refletir: a comunhão com Deus faz o que parece bom se tornar infinitamente melhor.

Coloque-se diante de Deus em oração e, com suas próprias palavras, apresente-se:

Fale do seu propósito de viver uma vida em comunhão com ele. Faça isso várias vezes. Transforme sua conversa com ele no seu estilo de vida, algo tão importante que não pode ser negligenciado. Leia na sua

Bíblia Gênesis 1-3; peça a Deus que o ajude a fugir de tudo que venha a prejudicar sua comunhão com ele.

Pare e pense

"O Senhor é o meu poderoso protetor; nele confiei plenamente e ele socorreu-me, por isso me sinto feliz e lhe cantarei louvores" (Salmos 28:7 TRAD. INTERCONFESSIONAL).

Torne esse texto real em sua vida

A partir dessa oração de Davi, podemos declarar a nossa certeza na proteção de Deus. É a oração que precisamos fazer constantemente:

- "O Senhor é o meu poderoso protetor..." → Peço a Deus que a presença dele seja realidade constante em minha vida; preciso contar com a poderosa proteção dele todo o tempo.
- "...nele confiei plenamente..." → Quero confiar em Deus em todos os momentos e circunstâncias.
- "...e ele socorreu-me..." → Preciso que toda a minha proteção venha dele — ele está sempre pronto a me socorrer..
- "...por isso me sinto feliz..." → Peço a ele que me livre do vazio, dando-me a felicidade da comunhão com ele.
- "...e lhe cantarei louvores." → Quero usar a minha voz para exaltar ao Senhor por tudo que tem feito por mim.

Capítulo 2

Quem é Deus?

Quando eu chegar diante dos israelitas e lhes disser:
o Deus dos seus antepassados me enviou a vocês, e eles me
perguntarem:"Qual é o nome dele?", que lhes direi?
— Êxodo 3:13

Quem é o Deus com quem eu quero viver em comunhão? Quem é este ser sobrenatural que adoramos? Já ouviu falar em Moisés? Ele foi chamado para conduzir os israelitas do Egito para a terra prometida. Quando o Senhor o chamou, ele fez questão de saber quem era aquele Deus que o convocara a realizar tão difícil tarefa. Moisés precisava conhecer o Criador — descobrir quem ele era — não só para saber diante de quem estava, mas também para poder responder ao povo, apresentando a identidade da pessoa que o havia enviado e credenciado, prometendo o livramento que eles tanto aguardavam. Diante da indagação de Moisés, Deus se apresentou como o *Eu Sou*. Sua resposta foi: "Eu Sou o que sou. É isto que você dirá aos israelitas: Eu Sou me enviou a vocês."

Quem é Deus? Quem é o *Eu Sou*? Antes mesmo de Moisés perguntar quem era Deus, o Altíssimo já havia oferecido — com palavras e sem palavras — informações importantes para a fantástica descoberta. Para completar, no desenrolar do diálogo, o Senhor seguiu oferecendo indicações que respondiam ao questionamento; dados que descreviam quem

Deus realmente era para aquele povo. Note bem, esses dados continuam válidos ainda hoje para nossa tentativa de comunhão com Deus.

Deus é quem nos apresenta belezas indescritíveis. Esta parte da história começa mencionando que "Moisés pastoreava o rebanho de seu sogro Jetro [...] Um dia levou o rebanho para o outro lado do deserto e chegou a Horebe, o monte de Deus. Ali o Anjo do SENHOR lhe apareceu numa chama de fogo que saía do meio de uma sarça. Moisés viu que, embora a sarça estivesse em chamas, esta não era consumida pelo fogo" (Êxodo 3:1-2). O acontecimento, para Moisés, foi muito além de sua imaginação: não era possível descrevê-lo! Uma planta em chamas sem ser consumida pelo fogo. Aquela flama era símbolo da presença de Deus. O SENHOR ali estava, se revelando a Moisés. Você já percebeu que a presença de Deus é sempre de uma beleza indescritível? É interessante tentarmos lembrar as experiências que temos tido na presença dele: elas são inarráveis. Quantas vezes você tem parado para contemplar as maravilhas do Senhor?

A comunhão com o Criador nos apresenta Deus por meio de maravilhas inexplicáveis. Pense na admiração de Moisés: "'Que impressionante!', pensou. 'Por que a sarça não se queima?'" (Êxodo 3:3). Moisés quis saber a razão do fenômeno, mas não achou explicação. Quantas vezes acontece isso conosco?! Queremos compreender, mas não conseguimos alcançar tudo o que vemos e ouvimos. Na sarça, vemos um símbolo da presença de Deus: ele se aproxima de nós, brilha como o fogo, mas não nos prejudica. Vemos também um símbolo do sofrimento: sofremos, mas não somos consumidos. Essa representação tem uma mensagem para todos nós, quando passamos por dificuldades: à semelhança do ouro, somos provados pelo fogo para o aperfeiçoamento do nosso caráter; ela nos fala da disponibilidade de Deus: ele ouve o nosso clamor; ela simboliza o cuidado de Deus, providenciando tudo de que necessitamos. Moisés viu aquela sarça que não se consumia, mas nós não precisamos esperar ter uma experiência igual à dele para sentir a presença do Senhor. Sabemos que, às vezes, não dá para explicar, nem para compreender completamente; no entanto, é possível viver com Deus e experimentar as maravilhas que ele tem para nós.

Às vezes, pensamos num Deus que age apenas por milagres maravilhosos e fatos espetaculares. Mas Deus se revela no dia a dia, nas pequenas coisas. Ele está fazendo milagres ao nosso redor a cada instante. Quando caminhamos, podemos observar o verde das plantas, o vento, o cantar dos pássaros e toda a beleza da natureza que ele criou. Tudo nos faz lembrar que o Criador está presente. Que tal aproveitarmos isso em todo momento na nossa vida de comunhão com ele?

O viver com Deus nos faz ver que há realidades fora do nosso alcance. Moisés disse: "'Vou ver isso de perto.' O Senhor viu que ele se aproximava para observar. E então, do meio da sarça, Deus o chamou: 'Moisés, Moisés.' 'Eis-me aqui', respondeu ele. Então disse Deus: 'Não se aproxime. Tire as sandálias dos pés, pois o lugar em que você está é terra santa'" (Êxodo 3:3-5). Moisés quis se aproximar, ver de perto, mas teve de ficar distante. Diante de realidades inacessíveis, é preciso uma atitude de reverência. Nesses momentos, precisamos de paciência para esperar. Moisés ficou em silêncio diante da sarça até que Deus lhe falou — lembremos o que o profeta Jeremias afirmou: "É bom esperar tranquilo pela salvação do Senhor" (Lamentações 3:26). O importante é, mesmo diante de realidades inacessíveis, vivermos convictos de que é possível o nosso acesso a Deus. O Senhor está presente.

No entanto, a indagação continua: "Quem é Deus?" Alguns estudiosos, na tentativa de respondê-la, têm chegado ao extremo de aventurar-se a definir Deus, uma tarefa inútil. Sendo ele infinito, não é possível enquadrá-lo em uma definição. Qualquer esforço de definir o Criador corre o risco de ser uma simples tentativa de limitar o ilimitado.

A Bíblia fala que *Deus é soberano*: o próprio Criador se deu a conhecer como Soberano, e os homens deveriam comparecer diante dele (ver Êxodo 23:17). Os profetas apresentaram Deus, o Soberano, e o salmista declarou: "Tu és a minha esperança, ó Soberano Senhor, em ti está a minha confiança desde a juventude" (Salmos 71:5).

Você já ouviu a história de Simeão? Está no evangelho de Lucas, no Novo Testamento. Ao tomar o menino Jesus nos braços, orou ao Soberano Deus, expressando a sua alegria (ver Lucas 2:29). Os primeiros cristãos, quando viram Pedro e João livres da prisão, também oraram ao Soberano (ver Atos 4:24). A pergunta é: o que queremos dizer quando afirmamos que Deus é soberano? Significa que ele é o Senhor e que nós somos os seus servos, que ele é o Rei e que nós os seus súditos, que o Reino é dele para sempre, assim como a glória e a honra.

O que é fundamental?

Conhecer o maravilhoso Deus Criador: quanto mais o conheço, mais sou abençoado e incentivado a viver em comunhão com ele, obedecendo e servindo a ele.

O propósito de viver em comunhão com Deus deve nos levar a um aprendizado que nunca deve ser relegado ao segundo plano. No caso de Moisés, além das belezas do momento, estavam as bênçãos que Deus tinha para ele e para o povo. É sempre assim, Deus quer nos abençoar muito mais do que imaginamos. Veja o que Deus disse: "'Eu sou o Deus de seu pai, o Deus de Abraão, o Deus de Isaque, o Deus de Jacó.' Então Moisés cobriu o rosto, pois teve medo de olhar para Deus" (Êxodo 3:6). Que experiência fantástica! Moisés estava satisfeito com sua vida, trabalhando com o sogro, mas Deus tinha planos muito mais elevados para ele. Se Moisés tivesse insistido em não atender o plano de Deus, teria terminado na obscuridade, sua história nunca teria chegado até nós.

A grande lição que aprendemos aqui é: conhecer Deus é maravilhoso, e quanto mais o conhecemos, mais somos abençoados; todavia, para nos aproximarmos dele, necessitamos de toda a reverência. Nesta jornada que seguimos juntos, na busca de um viver autêntico com Deus, precisamos estar certos de que ele nos abençoará mais e mais a cada dia.

O que fazer?

É importante compreender que Deus opera não só por meio de milagres espetaculares, mas também no dia a dia; a todo instante ele está presente e pronto para falar conosco.

- Pense em algum momento de sua vida em que você sentiu Deus lhe falando de modo especial.
- Peça a ele que continue a falar ao seu coração e mantenha-se atento, buscando perceber de que modo o Senhor está agindo em sua vida.

Ainda em atitude de oração, sinceramente, formule um plano prático para viver em comunhão com Deus:

- Vou aproveitar as ocasiões — ao caminhar, ao ver a natureza, enquanto trabalho ou estudo — para buscar ver a grandeza de Deus.
- Vou refletir a todo instante sobre tudo o que ele fez e continua a fazer por mim.

Por mais que tenha sido fantástica a experiência de Moisés, não podemos esperar que algo semelhante aconteça conosco para entender que Deus está se revelando para nós. Precisamos lembrar sempre que ele se mostra para nós a todo momento, até mesmo por meio de coisas simples e aparentemente insignificantes.

Mais uma vez, coloque-se diante de Deus em oração e, com suas próprias palavras, apresente-se: fale a ele, com toda a sinceridade de seu coração, o quanto deseja entender quem ele é para você. Faça isso enquanto anda, enquanto vê a natureza, tão bela em seus vários matizes. Aproveite e transforme sua oração em uma conversa franca, como se estivesse conversando com um amigo íntimo. Comece a pensar em Deus em cada passo que você der e aproveite cada momento para falar com ele.

Pare e pense

"A glória de Deus viaja pelos céus, as obras de arte de Deus estão expostas no horizonte. A senhora Alvorada ministra aulas todas as manhãs, o professor Anoitecer leciona no curso noturno. Suas palavras não são ouvidas, sua voz não é gravada, mas seu silêncio enche a terra; mesmo calada, é a verdade propagada por toda parte" (Salmos 19:1-4 MSG).

Torne esse texto real em sua vida

De modo bem poético, devemos nos unir ao salmista e ao que sentimos quando vemos a mão de Deus trabalhando cada detalhe da criação.

- 📖 "A glória de Deus viaja pelos céus, as obras de arte de Deus estão expostas no horizonte." → Quero olhar para o céu, a fim de ver o amor do Deus Criador, quem fez verdadeiras obras de arte para mim, pois assim posso aprender novas lições que me ajudem a viver em comunhão com ele.
- 📖 "A senhora Alvorada ministra aulas todas as manhãs..." → Desejo, ao acordar, todas as manhãs, ter a convicção de que Deus está comigo; saber que preciso da presença dele a todo instante.
- 📖 "...o professor Anoitecer leciona no curso noturno." → Preciso, ao cair da noite, terminar o dia com a certeza de que Deus é soberano, mas que mesmo assim está comigo não só durante esse dia, mas também o tempo todo.
- 📖 "Suas palavras não são ouvidas, sua voz não é gravada..." → Espero ouvir a voz de Deus em cada passo que eu der, sabendo que o modo como ele fala a cada um de nós é único e que não devo esperar ouvir sua voz de maneira sobrenatural.

Viver com Deus é uma bênção

📖 "...mas seu silêncio enche a terra..." → Ficarei atento para, até no silêncio, ouvir que Deus me fala e, assim, encher a minha vida de sua presença.

📖 "...mesmo calada, é a verdade propagada por toda parte." → Procurarei entender quem é Deus e deixarei que ele viva em mim de tal modo que a glória dele seja vista no meu dia a dia.

Capítulo 3

Sede de Deus

A minha alma tem sede de Deus, do Deus vivo.
— *Salmos 42:2*

O vazio espiritual inquieta; ele é grande demais e precisa ser preenchido! Esse vazio denuncia que estamos sedentos de Deus. Diante dessa realidade, Agostinho, um dos Pais da Igreja, deixou claro que o nosso coração está inquieto até podermos realmente saciar a nossa sede de Deus. Ele disse: "Tu nos fizeste para ti, e o nosso coração está inquieto enquanto não encontrar em ti descanso."[2]

Um dos quadros mais tristes é o das terras devastadas pela seca. O que vemos é só penúria: árvores sem nenhum frescor, folhas secas que delas pendem, tecendo um tapete amarelado cujo significado é o de que as fontes secaram; animais sedentos, esqueléticos, parados, sem condições de andar; e, aqui e acolá, carcaças daqueles que findaram, morrendo pela falta de água. Até as pessoas perderam o brilho no rosto; homens e mulheres estão tristes; suas crianças definham, e os mais velhos chegam mesmo ao fim. O motivo? Ninguém vive sem água.

Esse quadro ilustra a sede espiritual. Assim como não podemos viver sem água, também não podemos viver sem a fonte da água da vida. Foi certamente diante dessa analogia que Davi, rei de Israel, declarou:

---

[2]SANTO AGOSTINHO, 1964, p. 41.

"Tu és o meu Deus! Não consigo me cansar de ti! Tenho grande fome e sede de Deus, ao viajar por terras secas e exaustivas" (Salmos 63:1 MSG). Sua comunhão com Deus era tão real que ele assegurou: "O SENHOR é o meu pastor; de nada terei falta. Em verdes pastagens me faz repousar e me conduz a águas tranquilas" (Salmos 23:1,2).

Ser conduzido para águas tranquilas é o nosso grande desejo: "Ele me conduz a águas tranquilas." Quando desenvolvemos constantemente a nossa comunhão com Deus, sentimos que ele nos toma pela mão e nos conduz pelo caminho certo. Você já percebeu que sede é algo relacionado a distância, carência, isolamento, falta de conexão? As pessoas que mais sofrem com a falta de água são as que vivem mais distantes, mais isoladas, mais desprovidas de conexões e que são, portanto, mais necessitadas. Em termos espirituais, onde você tem vivido? Você tem estado conectado com Deus?

Quando Jesus se encontrou com a mulher samaritana, ele estava com sede; como estava junto a um poço, de onde a mulher tirava água, o Senhor pediu a ela um pouco do líquido. Na continuação do diálogo, o Mestre declarou: "Se você conhecesse a generosidade de Deus e soubesse quem eu sou, pediria água a mim, e eu lhe daria água pura, água da vida" (João 4:10 MSG). A mulher quis saber como ele seria capaz de ter algo assim tão valioso, e Jesus disse mais: "Quem beber desta água vai ficar com sede outra vez. Quem beber da água que lhe der, nunca mais terá sede — nunca! A água que eu ofereço é como um poço artesiano interior, jorrando vida para sempre" (v. 14).

Conhecer a bondade de Deus é a grande necessidade: sabermos que Deus é a Fonte que jorra vida para sempre.

A sede espiritual começou a partir do momento em que nossos pais resolveram se afastar de Deus. Lá no Jardim do Éden, como resultado da desobediência, o casal fugiu da presença do Criador: "Ouvindo o homem e sua mulher os passos do SENHOR Deus, que andava pelo jardim quando soprava a brisa do dia, esconderam-se da presença do SENHOR Deus entre as árvores do jardim" (Gênesis 3:8). Naquele momento, a comunhão foi quebrada; ainda assim, como Pai Amoroso, Deus foi procurar o casal, revelando-lhe sua infinita generosidade: "Mas o SENHOR Deus chamou o homem, perguntando: 'Onde está você?'" (v. 9).

A história deles é a nossa história. Tenho certeza de que você, assim como nós, tem tido momentos de solidão e de sede — sede de Deus. São os momentos em que tudo parece não ter sentido, em que nos sentimos em um deserto sem-fim. Nessas horas, não sabemos o que fazer, nem mesmo a quem procurar, a fim de obter uma palavra capaz de nos levar a encontrar uma solução: o poço está vazio, e a terrível experiência parece durar para sempre.

O que é fundamental?

Satisfazer minha sede espiritual. Para tanto, busco viver em comunhão com Deus, a única fonte da água da vida: só ele é capaz de me saciar completamente.

· Como temos visto, ninguém a não ser o nosso Deus é capaz de nos dar de beber da água da vida. Só ele é capaz de saciar completamente a sede do nosso interior. No caso da mulher samaritana, ela buscava no poço a água para saciar sua sede. Ao descobrir Jesus oferecendo-lhe a água da vida, entendeu o quanto isso era muito mais importante para a sua vida. Já sabemos o quanto a água é vital, o quanto precisamos bebê-la em abundância para termos um corpo saudável. No entanto, carecemos assimilar a ideia de que só em comunhão constante com Deus é que podemos saciar a nossa sede espiritual.

O que fazer?

Assim como a mulher samaritana entendeu o que Jesus lhe falava quanto à busca pela água, mostrando-lhe que podia suprir sua sede espiritual, precisamos entender que ele continua a nos mostrar essa importante realidade.

- Pense um pouco no que você mais precisa para saciar a sua sede espiritual.

- Peça a Deus que supra essa necessidade de maneira clara e inconfundível.

Faça uma pausa, mas continue diante de Deus. Agora, na segunda etapa, sem reservas, trace um plano para ajudá-lo a saciar sua sede de Deus:

- Quero dedicar parte do meu tempo para falar com Deus, colocando diante dele as minhas necessidades espirituais, o vazio que há em mim.
- Atentarei ao que Deus me falar, seja por meio da natureza, de sua Palavra ou das pessoas ao meu redor.

Todos nós temos sede de Deus e podemos falar como o salmista: "Ó Deus, tu és o meu Deus, eu te busco intensamente; a minha alma tem sede de ti!" (Salmos 63:1). Mas, por mais que estejamos ansiosos para saciar essa sede, não podemos esquecer a nossa parte, a busca daquele que é o único capaz de saciá-la: Deus. É importante lembrar sempre que, mesmo nos momentos em que não sabemos o que fazer, quando não enxergamos nada no horizonte que nos aponte uma solução, quando sentimos dentro de nós um vazio sem fim, Deus vem ao nosso encontro.

Coloque-se diante dele em oração e, com suas próprias palavras, apresente-se. Derrame sobre o Senhor toda a sua ansiedade. Fale a ele o quanto tem se sentido vazio. Faça isso quantas vezes quiser. Observe as coisas e as pessoas ao seu redor e veja o quanto Deus lhe fala em várias situações. Ao constatar que, de alguma forma, o vazio está sendo preenchido, agradeça a Deus e continue a buscá-lo.

Pare e pense

"Ó Deus, tu és o meu Deus, eu te busco intensamente; a minha alma tem sede de ti! Todo o meu ser anseia por ti, numa terra seca, exausta e sem água. Quero contemplar-te no santuário e avistar o teu poder e a tua glória" (Salmos 63:1,2).

Viver com Deus é uma bênção

Torne esse texto real em sua vida

Essa afirmação refere-se ao desejo que o salmista tinha de se encontrar com Deus.

- 📖 "Ó Deus, tu és o meu Deus…" → Reconheço a todo instante a soberania de Deus.
- 📖 "…eu te busco intensamente…" → Afirmo o meu desejo de ter comunhão com ele.
- 📖 "…a minha alma tem sede de ti!" → Derramo a minha ansiedade; tenho sede da presença dele.
- 📖 "Todo o meu ser anseia por ti, numa terra seca, exausta e sem água." → Sei o quanto anseio pelo Senhor porque muitas vezes me sinto como num deserto sem água, completamente sedento.
- 📖 "Quero contemplar-te no santuário…" → Desejo de todo meu coração buscar o Senhor de maneira que consiga contemplá-lo na minha vida.
- 📖 "…e avistar o teu poder e a tua glória." → Preciso ardentemente me sentir completo, cheio de Deus, vendo a minha sede saciada a ponto de avistar o poder e a glória do Senhor na minha vida.

Capítulo 4

Onde está Deus?

Minhas lágrimas têm sido o meu alimento de dia e de noite,
pois me perguntam o tempo todo: "Onde está o seu Deus?" [...]
Até os meus ossos sofrem agonia mortal
quando os meus adversários zombam de mim,
perguntando-me o tempo todo: "Onde está o seu Deus?"
— Salmos 42:3,10

O desejo de chegar à presença de Deus é natural ao ser humano. Davi era o rei de Israel e estava fugindo, pois era perseguido pelo próprio filho, Absalão. Naqueles dias tão tumultuados e incertos, ele tinha uma única certeza: sabia que podia encontrar Deus. Ele suplicou: "Ao SENHOR clamo em alta voz, e do seu Santo Monte ele me responde" (Salmos 3:4). Todos nós atravessamos terríveis momentos quando enfrentamos problemas e não sabemos exatamente de que maneira nem em que lugar encontrar solução para eles. Nessas ocasiões, vem a dúvida que nos faz indecisos.

"Meu Deus, o que posso fazer?" é a pergunta que nos vem à mente. E ainda mais: "Onde está Deus?" Há ocasiões em que a indagação vem das pessoas que conosco convivem. Foi a experiência de um dos filhos de Coré. Ele viveu um momento de tanta depressão que chegou a dizer que as lágrimas haviam se tornado o seu alimento: "Minhas lágrimas têm sido o meu alimento de dia e de noite, pois me perguntam o tempo todo: 'Onde está o seu Deus?'" Veja bem, ele chorava sem parar, e seu choro sofrido o fazia perguntar constantemente pela presença de Deus. Para completar, os inimigos também faziam o mesmo questionamento: "Onde está o seu Deus?"

No início da década de 1970, George Harrison lançou a música "My Sweet Lord". Foi tão cantada, fez tanto sucesso que entrou para o rol das quinhentas melhores canções de todos os tempos. A tradução para o português é a seguinte:

Meu bom Deus! Oh, meu Deus! Oh, meu Deus!
Há tanto tempo eu penso encontrar um jeito
de achar o caminho que me leve até você.

A letra expressa a necessidade e o desejo de encontrar Deus, de ter comunhão com o Criador.

O artista plástico holandês Johan der Dong lançou um serviço de *Discagem Direta para Deus*. De acordo com a reportagem da revista Cristianismo Hoje, "ele divulgou uma linha de telefone cujo titular é ninguém menos que o Todo-Poderoso. Quem quiser ligar para o celular do Senhor deve apenas discar o número 06-44244901". Eles afirmam que essa é uma brincadeira para chamar a atenção do povo para o trabalho do artista. Um detalhe chama a atenção: "Segundo a agência de notícias holandesa ANP, o número estava recebendo rios de chamadas." O mesmo Dong já teve grande sucesso com um projeto parecido, que disponibilizava aos holandeses uma caixa postal, pela qual poderiam enviar uma carta para Deus. E agora o destaque: "Os correios da Holanda tiveram muito trabalho, mas, ao que se sabe, o destinatário não respondeu a ninguém."[3] A falta de conhecimento em relação ao Senhor tem levado pessoas a olharem para o Criador como um Deus ausente, distante, inacessível — um Deus que não responde. No entanto, o Deus calado não é o Deus verdadeiro, mas um falso deus. Foi isso o que aconteceu

---

[3]Revista Cristianismo Hoje, abr./maio de 2009, p. 9.

na experiência do profeta Elias, no monte Carmelo, nos tempos do rei Acabe. Ali, ele desafiou os profetas do falso deus Baal. Diante do povo convocado para aquela ocasião, Elias apresentou, diante de todos os homens, suas credenciais como o único profeta do Deus de Israel.

Desafiou-os a trazerem um novilho, a cortá-lo em pedaços e pôr sobre a lenha, mas sem acender o fogo. Também ele procederia do mesmo modo. Os profetas clamariam a Baal; Elias, ao Deus de Israel. E aí estava o desafio: quem respondesse por meio do fogo, esse seria Deus. Ao aceitarem o desafio, os profetas de Baal clamaram e gritaram insistentemente, até se ferirem, mas não houve resposta. Baal nada respondeu. "Ao meio-dia Elias começou a zombar deles. 'Gritem mais alto!', dizia, 'já que ele é um deus. Quem sabe está meditando, ou ocupado, ou viajando. Talvez esteja dormindo e precise ser despertado.'" (1Reis 18:27) Não havendo qualquer sinal de vida da parte de Baal, eles começaram a gritar mais alto. Passado o meio-dia, eles continuaram em transe até a hora do sacrifício. E o relato bíblico é bem claro: "Mas não houve resposta alguma; ninguém respondeu, ninguém deu atenção" (v. 29). Só então Elias pediu que o povo se aproximasse; reparou o altar do Senhor, apanhou doze pedras, construiu um altar em honra ao Nome do Senhor e cavou uma valeta ao redor. Ali colocou os novilhos em pedaços e mandou que derramassem três vezes água sobre a lenha. Era tanta água que escorria do altar, que a valeta foi enchida.[4] Vejamos o que diz o relato bíblico:

> À hora do sacrifício, o profeta Elias colocou-se à frente do altar e orou: "Ó SENHOR, Deus de Abraão, de Isaque e de Israel, que hoje fique conhecido que tu és Deus em Israel e que sou o teu servo e que fiz todas estas coisas por ordem tua. Responde-me, ó SENHOR, responde-me, para que este povo saiba que tu, ó SENHOR, és Deus, e que fazes o coração deles voltar para ti.' Então o fogo do Senhor caiu e queimou completamente o holo-

---

[4]MORAES, 2010, p. 213

causto, a lenha, as pedras e o chão, e também secou totalmente a água na valeta. Quando o povo viu isso, todos caíram prostrados e gritaram: 'O SENHOR é Deus! O SENHOR é Deus!'"

(1Reis 18:36-39)

Você deve estar se perguntando: será que Deus falaria a mim dessa mesma forma? Pois nós estamos aqui para dizer que o desafio é o mesmo dos tempos do profeta Elias: o Deus que responder, esse é Deus. O Deus a quem adoramos responde às nossas súplicas. Jesus garantiu: "Peçam, e lhes será dado; busquem, e encontrarão; batam, e a porta lhes será aberta" (Mateus 7:7). Não devemos esperar fogo do céu porque a revelação de Deus para os nossos dias é bem mais clara: "Aquele que é a Palavra tornou-se carne e viveu entre nós. Vimos a sua glória, glória como do Unigênito, vindo do Pai, cheio de graça e de verdade" (João 1:14). Não é mais pelo fogo que encontramos Deus, mas por Jesus Cristo. Veja como a Palavra de Deus é clara:

"Há muito tempo Deus falou muitas vezes e de várias maneiras aos nossos antepassados por meio dos profetas, mas nestes últimos dias falou-nos por meio do Filho, a quem constituiu herdeiro de todas as coisas e por meio de quem fez o universo. O Filho é o resplendor da glória de Deus e a expressão exata do seu ser, sustentando todas as coisas por sua palavra poderosa. Depois de ter realizado a purificação dos pecados, ele se assentou à direita da Majestade nas alturas, tornando-se tão superior aos anjos quanto o nome que herdou é superior ao deles. (Hebreus 1:1-4)

O que é fundamental?

Buscar a Deus de todo o meu coração, por isso abro o meu ser para experimentar a real comunhão com ele, pois Deus está ao alcance dos que o buscam verdadeiramente.

Buscar ao Senhor é o nosso desejo. Queremos saber quem é esse Deus a quem buscamos e ter a certeza de que o achamos; queremos ter a convicção de que ele, de fato, nos ouve em toda e qualquer situação. Ele olha para nós e sabe os desejos do nosso coração. Muitas vezes somos tentados a desafiar Deus, buscando outros caminhos para encontrá-lo, mas somente por Jesus ele pode ser encontrado. Deus é o mesmo ontem, hoje e o será eternamente. Devemos buscar sempre permanecer em comunhão com ele.

O que fazer?

Não é fácil buscar a Deus quando temos conflitos interiores, quando as tentações surgem, quando as coisas não acontecem. Algumas pessoas chegam a duvidar de que Deus esteja ouvindo e, então, começam a buscar outros meios para encontrar as respostas para o que querem. No entanto, é importante começar logo a buscar a Deus nas mínimas coisas que acontecem ao nosso redor e colocar diante dele, de maneira sincera, todas as nossas angústias e necessidades.

Pense em como tem sido a sua vida até hoje.

- Creia de todo o coração que Deus está presente em sua vida e busque viver esta realidade.
- Procure ocasiões e pessoas que possam lhe ajudar a estar em comunhão com Deus.

Examine os desafios e siga estabelecendo as novas metas:

- Vou me empenhar para buscar a Deus somente por Jesus e jamais pelos meus próprios caminhos ou recursos.
- Vou escolher algumas pessoas com as quais compartilharei minhas experiências com Deus, tanto para ser ajudado quanto para ajudá-las.

Há momentos na vida em que nos perguntamos: onde está Deus? Será que ele não me vê? Será que ele está tão distante que não vê onde estou? Será que o estou buscando em vão? Se você está pensando assim, chegou a hora de mudar. Olhe ao seu redor e veja o Senhor em tudo. Tente falar com ele do fundo do seu coração. E lembre-se de que, seja qual for o seu modo de pensar, Deus está lhe vendo. Ele nos vê e compreende todas as nossas dores e ansiedades. Ele foi o Deus que respondeu ao povo antigo e que continua a responder hoje. Veja bem, ele não vai nos falar do mesmo modo como falou a Elias. Não vai responder com fogo nem de modo semelhante. Ele fala como, quando e onde quer. Nunca pense que ele está muito distante, viva na convicção de que ele está sempre pronto a ouvir cada lamento seu.

Que tal colocar-se diante de Deus agora em oração e dizer para ele tudo o que o aflige?

Fale sinceramente com Deus. Ele já o conhece, mas afirme o seu propósito de viver em comunhão com ele. Converse com ele como um filho dialoga com o pai. Diga-lhe o quanto você precisa dele em sua vida. Peça a ele que o ajude e fique observando para ver o que acontece: você vai começar a ver Deus agir. Fale isso da mesma maneira como falaria se o estivesse vendo, pois ele está presente.

Pare e pense

"Aí, sim, você clamará ao Senhor, e ele responderá; você gritará por socorro, e ele dirá: aqui estou" (Isaías 58:9).

Torne esse texto real em sua vida

A realidade desse texto é que o nosso Deus está pronto a nos ouvir, quando a ele clamamos com fé.

📖 "Aí sim, você clamará ao Senhor..." → Preciso viver na certeza de que posso clamar sempre a Deus e, assim, me dispor a viver em comunhão com ele.

Viver com Deus é uma bênção

- 📖 "...e ele responderá..." → Peço a Deus que me ajude a entender que ele responderá ao meu clamor. A convicção de que a resposta dele vem precisa me acompanhar sempre.
- 📖 "...você gritará por socorro..." → Quero me colocar diante de Deus não só nas minhas horas de aflição, mas também todo o tempo e gritar dentro de mim pedindo-lhe socorro.
- 📖 "...e ele dirá: aqui estou." → Sei bem que posso confiar em Deus sabendo que ele continua a dizer que está ao meu lado sempre que o buscar; também eu preciso a todo instante dizer a ele: Senhor, eu estou aqui.

Capítulo 5

Ouvir e crer

Antes de crer, você tem de ouvir. E a não ser que a Palavra de Cristo seja pregada, não há nada para ouvir.
— *Romanos 10:17* MSG

Viver em comunhão com Deus é um exercício de fé. Na abertura do seu Evangelho, João afirmou: "Ninguém jamais viu a Deus, mas o Deus Unigênito, que está junto do Pai, o tornou conhecido" (João 1:18).

Todos nós temos amigos; alguns estão mais próximos, outros mais distantes. Você já tentou fazer uma lista com os nomes deles? Nem sempre é fácil. E aqui cabe outra pergunta: o que é um amigo? É claro que nem todas as pessoas que conhecemos são amigos. Imagino que você concorde comigo: há muita gente no rol dos nossos conhecidos, mas nem todos que ali estão são nossos amigos, pois para isso é preciso conhecimento e convivência.

Talvez você esteja se perguntando: o que é um amigo, afinal? Existem muitas definições para essa palavra. Poetas e músicos têm procurado dizer muita coisa enaltecendo essa figura. Uma boa maneira de compreendermos o que é um amigo de verdade é pensarmos nessa pessoa como alguém que está sempre por perto. E note bem, não tem a ver com distância geográfica. Não é porque alguém mora mais perto, ou passa mais tempo do dia com gente, que se torna mais amigo. Se fosse assim, não haveria tanta confusão entre vizinhos e tanto desentendimento entre colegas de trabalho.

Houve um homem conhecido como Saulo de Tarso. Ele ouviu falar de Jesus, mas não quis ser amigo dele. Quanto mais ele ouvia falar de Jesus, mais ficava irritado, chegando ao ponto de se tornar inimigo de todas as pessoas que eram amigas de Cristo. Ele ia na casa de todos os admiradores do Senhor e arrastava tanto homens quanto mulheres. Era verdadeiro inimigo dos amigos de Jesus. Mas Cristo queria ser amigo dele. Um dia, enquanto Saulo viajava para a cidade de Damasco, a fim de perseguir os seguidores de Jesus, o Senhor mesmo apareceu na estrada por onde ele ia e disse-lhe que, se continuasse resistindo ao aguilhão, iria se machucar ainda mais. Também disse que queria tê-lo como amigo e seguidor, pois tinha um trabalho especial para ele.

Essa experiência com Jesus mudou completamente a vida de Saulo. Ele não só deixou de ser inimigo e se tornou amigo, mas também passou de perseguidor a pregador da mensagem de Jesus. Houve tão grande transformação na vida dele que ele até se tornou conhecido por outro nome — de Saulo, ele passou a ser chamado Paulo. Muito bem, foi esse mesmo Paulo quem, algum tempo depois, disse: "Antes de crer, você tem de ouvir. E a não ser que a Palavra de Cristo seja pregada, não há nada para ouvir." A experiência com Jesus mudou tanto a vida de Paulo, que ele chegou a dizer: "Fui crucificado com Cristo. Assim, já não sou eu quem vive, mas Cristo vive em mim. A vida que agora vivo no corpo, vivo-a pela fé no Filho de Deus, que me amou e se entregou por mim" (Gálatas 2:20).

O que aconteceu com Saulo de Tarso? Ele ouviu falar de Jesus. O Senhor apareceu para ele e se apresentou; então, Saulo resolveu confiar e entregar a vida a Deus. Um detalhe: ele não só resolveu confiar, mas também viver pela fé em Jesus. Confiar que o amigo pode fazer algo para nós é fácil, entregar tudo nas mãos desse amigo não é tão fácil assim.

Vamos tentar compreender melhor. Imagine que você foi convidado a assistir ao espetáculo de um competente equilibrista. No dia marcado, movido pela curiosidade, você aparece no local da apresentação. Um reforçado cabo de aço foi amarrado entre duas altas colunas. O equilibrista é apresentado e sorri para a plateia antes de começar seu arriscado show. Todos aplaudem. O homem sobe bem alto, até o topo de uma das torres, e a distância entre elas é considerável. O espetáculo começa, há grande silêncio, todos os olhares estão postos no artista. Ele vai e volta tranquilamente naquele cabo de aço. A apresentação termina, e agora os aplausos são intensos. Ele agradece as palmas e anuncia novo espetáculo, ainda mais emocionante: fazer a mesma travessia com uma cadeira na cabeça. As pessoas gritam: "Bravo! Bravo! Bravo!" O segundo espetáculo é um sucesso, e você está lá também. O equilibrista agradece e promete outra exibição, com mais emoções: atravessar não só com uma cadeira na cabeça, mas também com alguém sentado nela. O aplauso é geral e, a essa altura, você é um dos fãs mais animados que ali se encontram. Diante do seu entusiasmo, o equilibrista chega junto de você e pergunta: "Acredita que eu sou capaz de me equilibrar levando alguém sentado na cadeira?" Você responde que não tem dúvida. Vendo sua expressão de confiança, o artista desafia: "Já que você acredita que eu sou capaz de manter o equilíbrio e atravessar, sem deixar a pessoa cair, então quero convidá-lo para participar da cena e sentar-se na cadeira que vou levar." E aí, o que você responde? No meu caso, por mais que eu tivesse aplaudido, ainda assim falaria não. A realidade é que há grande distância entre os aplausos e o risco de sentar-se naquela cadeira. Isso nos ajuda a compreender a diferença entre confiar e ter fé. Fé é a capacidade de ver o invisível e crer no impossível. "Fé é a certeza daquilo que esperamos e a prova das coisas que não vemos" (Hebreus 11:1).

O apóstolo Paulo — aquele que era inimigo de Jesus, mas que se tornou seu seguidor — diz que "a fé vem por se ouvir a mensagem, e a mensagem é ouvida mediante a palavra de Cristo" (Romanos 10:17). Em outras palavras, só é possível vivermos em comunhão com Deus pela fé no Filho de Deus. Lembra-se da definição de amigo? É aquele que está sempre por perto. Jesus foi quem deixou a sua glória para chegar junto de nós. O nosso acesso a Deus só é possível por Cristo. E você, tem colocado sua fé em Jesus?

O que é fundamental?

Pedir ao Senhor que a minha fé se desenvolva na medida do meu conhecimento dele: quero me aproximar de Jesus para ter mais condições de viver em comunhão com Deus.

Oseias foi um profeta que viveu problemas em seu casamento. As dificuldades que ele enfrentava, vivendo com uma mulher infiel, lembravam a infidelidade do povo de Israel em relação a Deus. Eles ouviam a palavra do Senhor, sabiam que o Criador lhes oferecia amizade profunda e autêntica; contudo, logo se afastavam de Deus, adoravam falsos deuses e desagradavam ao Altíssimo. Tudo o que Deus queria com eles era uma comunhão autêntica. Lembrando-se do tempo quando libertou o povo do cativeiro egípcio, o Senhor disse: "Quando Israel era menino, eu o amei, e do Egito chamei o meu filho. Mas, quanto mais eu o chamava, mais eles se afastavam de mim. Eles ofereceram sacrifícios aos baalins e queimaram incenso para os ídolos esculpidos" (Oseias 11:1,2). Os baalins eram os falsos deuses fabricados e adorados por outros povos.

Muitas vezes Deus está agindo na nossa vida e na de nossa família, mas nem sempre nos tornamos agradecidos. No caso dos israelitas, eles facilmente se esqueciam dos favores recebidos. Veja só o que Deus disse: "Fui eu quem ensinou Efraim a andar, tomando-o nos braços; mas eles não perceberam que fui eu quem os curou. Eu os conduzi com laços de bondade humana e de amor; tirei do seu pescoço o jugo e me inclinei para alimentá-los" (Oseias 11:3,4). Deus está fazendo sempre mais e mais por nós. Precisamos ler, ouvir e crer naquele que, qual pai amoroso, nos ensina a andar, nos toma nos braços e cura as nossas enfermidades; precisamos crer no Deus que com laços de amor e bondade nos conduz; precisamos crer naquele que nos dá liberdade, tirando do nosso pescoço a insuportável carga da escravidão, que se inclina para nós e que nos alimenta com o pão vivo que desceu do céu (ver João 6).

O que fazer?

Sua fé em Deus está se desenvolvendo? Note bem: para que a nossa fé cresça, precisamos ler e meditar na Palavra de Deus diariamente. Para isso, organize um programa diário de leitura da Bíblia. Ler o livro sagrado todos os dias nos faz nos sentirmos mais próximos do nosso Deus. A Bíblia é o livro de Deus! Que tal fazer um plano de leitura?

- Peça a Deus que o ajude a encontrar tempo para ler a Bíblia e orar todos os dias.
- Procure ler o livro sagrado e orar sem pressa, meditando em tudo.

Prossiga na sublime tarefa de viver em comunhão com o Senhor, firmando os seguintes propósitos:

- Lerei a Bíblia e orarei diariamente, buscando compreensão para o que estou lendo e respostas às minhas indagações e súplicas.
- Tornarei esse exercício cada vez mais real a ponto de ele passar a fazer parte do meu estilo de vida.

Veja bem, nem sempre é fácil ouvir Deus falar. O problema é que queremos, muitas vezes, respostas imediatas, ou então que Deus se manifeste de modo tão impactante como ao seu povo no passado e a amigos que têm passado por experiências semelhantes às nossas. Deus fala por meio de sua Palavra, de modo claro. Basta que você esteja disposto a ouvir o que ele tem a dizer enquanto se dirige a ele, seja em oração, seja na leitura da sua Palavra. Que tal experimentar isso?

Pare e pense

"Conheçamos o Senhor; esforcemo-nos por conhecê-lo. Tão certo como nasce o sol, ele aparecerá; virá para nós como as chuvas de inverno, como as chuvas de primavera que regam a terra" (Oseias 6:3).

Torne esse texto real em sua vida

Conhecer verdadeiramente o nosso Deus é um exercício contínuo, que requer a vida inteira.

- 📖 "Conheçamos o Senhor..." → Firmo este propósito, quero que ele seja o meu mais nobre ideal: nada pode se comparar ao privilégio de viver em comunhão com Deus.
- 📖 "...esforcemo-nos por conhecê-lo." → Permanecerei firme neste propósito, vou persistir em conhecer o meu Deus, quero conhecê-lo mais e mais.
- 📖 "Tão certo como nasce o sol, ele aparecerá..." → Creio fielmente que, assim como o sol nasce todos os dias, o Senhor está presente em todos os instantes da minha vida.
- 📖 "...virá para nós como as chuvas de inverno..." → Desejo que a presença de Deus seja realidade constante em minha vida, com a mesma naturalidade que chove no inverno.
- 📖 "...como as chuvas de primavera que regam a terra." → Preciso da comunhão com Deus para que a minha vida tenha sentido, assim como a primavera só mantém a sua beleza por causa da chuva.

Capítulo 6

É preciso ter fé

Sem fé é impossível agradar a Deus, pois quem dele se aproxima precisa crer que ele existe e que recompensa aqueles que o buscam.
— *Hebreus 11:6*

No nosso relacionamento com Deus, fé e obediência andam juntas. O nosso dia a dia precisa ser determinado pela fé. Quem deseja se aproximar de Deus precisa saber que ele existe e que recompensa todos aqueles que o buscam. Vamos tentar compreender melhor esses dois pré-requisitos.

Primeiro, precisamos crer na existência de Deus. A Bíblia não tenta provar essa realidade, não apresenta argumentos a fim de demonstrar a existência de Deus. Todo o seu ensino parte do pressuposto de que a existência do Autor da vida é algo inquestionável. No pensamento bíblico, quem duvida da existência do Criador é louco: "Diz o tolo em seu coração: Deus não existe" (Salmos 14:1). Qual o seu pensamento acerca da existência de Deus?

No início da Bíblia, relata-se o trabalho de Deus ao criar o mundo. O primeiro versículo, que abre toda a história sagrada, afirma: "No princípio Deus criou os céus e a terra" (Gênesis 1:1). O livro sagrado apresenta esse Deus maravilhoso, que age visando ao nosso bem-estar.

Além de crer na existência do Senhor, devemos nos aproximar dele pela fé, sabendo que ele recompensa a todos aqueles que o buscam em verdade e sinceridade. Muita gente pergunta: que prêmio eu terei por buscar a Deus? Que vantagens a comunhão com ele me traz? Quem anda com Deus, por meio de Jesus Cristo, encontra a força que supera a fraqueza, as respostas que fazem desaparecer a dúvida, a esperança que dá fim ao desespero, o alento que finda o desânimo, e a segurança de prosseguir firme em meio às piores dificuldades.

Davi foi uma pessoa que viveu em comunhão com Deus e que nos deixou grande lição: não importa o que os outros pensem ou falem a respeito de Deus, o importante é que a nossa fé nele seja inabalável. Veja como Davi descreveu sua experiência: cercado de inimigos, ele buscou proteção em Deus: "SENHOR, muitos são os meus adversários! Muitos se rebelam contra mim!" (Salmos 3:1). Quando os inimigos surgirem para prejudicar a sua comunhão com Deus, é preciso firmar mais e mais a sua fé no Criador. Observe o atrevimento dos inimigos de Davi: "São muitos os que dizem a meu respeito: 'Deus nunca o salvará!'" (Salmos 3:2). Isso já aconteceu em minha vida e com muita gente, quando as pessoas perguntam: "E agora?" A atitude do rei de Israel pode nos servir de exemplo: "Mas tu, SENHOR, és o escudo que me protege; és a minha glória e me fazes andar de cabeça erguida" (Salmos 3:3). O que Deus é em sua vida? Você tem confiado nele?

Algumas pessoas se afastam tanto de Deus que deixam de andar de cabeça erguida. São arrogantes os que se afastam de Deus: "Em sua presunção o ímpio não o busca; não há lugar para Deus em nenhum dos seus planos" (Salmos 10:4). Para viver em comunhão com o Todo--Poderoso, precisamos nos lembrar a todo instante de que sem fé é impossível qualquer relacionamento com ele. Toda experiência com Deus é uma experiência de fé.

Você já ouviu falar em Jorge Müller? Ele nasceu na Alemanha e viveu na Inglaterra. Ele sentiu-se desafiado por Deus a, mesmo sem recursos, ajudar os órfãos. Foi assim que, pela fé, construiu um orfanato. Certo dia, Müller não tinha nada para dar de comer aos órfãos, mas na hora do café da manhã colocou as crianças à mesa e agradeceu a Deus pelo alimento que lhes dava naquela manhã. Logo a seguir, duas pessoas bateram à porta da casa. Um era o encarregado de entregar o leite; o carro de entregas havia tido um problema, e o leite, para que não estragasse, estava sendo doado às crianças. O outro portador era da padaria; uma fornada havia saído mais tostada, e o dono da panificadora mandou doar esses pães aos órfãos.[5] Cada vez que ouvimos uma história como essa, provamos o quanto a fé é indispensável à nossa comunhão com Deus.

Diante dessa história, muita gente pensa: "Bênção assim nunca vai acontecer em minha vida; eu não sou nenhum Jorge Müller." E é verdade. Somos pessoas diferentes, vivendo diferentes experiências com Deus. O Todo-Poderoso respondeu a Jorge Müller com o pão e o leite de que precisava para alimentar os órfãos; era a maior necessidade deles — e Deus conhece as nossas necessidades. É bem provável que você e eu não tenhamos leite e pão sendo trazidos à porta. Não devemos pedir ao Senhor que proceda desse ou de outro modo conosco. O mais importante é vivermos pela fé, na convicção de que ele nos conhece e de que está sempre providenciando tudo de que necessitamos, embora muitas vezes não compreendamos sua maneira de agir.

O que é fundamental?

Fortalecer minha fé a ponto de não viver em função das bênçãos materiais, mas na realização de estar nas mãos do Senhor, na certeza de que ele provê tudo de que preciso.

Durante vários anos, fui pastor de um senhor que lutava bravamente para manter a família. Com cinco filhos e um salário de vendedor, chegava ao trabalho pela manhã bem cedo e só saía no final da tarde. Sempre admirei que, apesar de toda a sua luta, ele estivesse presente nos encontros da igreja, sendo exemplo com a sua palavra de entusiasmo e fé. Nos momentos em que ele não estava no balcão, atendendo, geralmente lia sua velha Bíblia. Vivia uma vida de oração, vivia

---

[5]MANLEY, [s/d], p. 83.

pela sua fé. Várias vezes ouvi dos proprietários da loja onde ele trabalhava que gostariam de ter uma pessoa como ele em cada uma de suas filiais. Quem conhece esse homem logo constata a diferença que a fé realiza na vida dele.

O que fazer?

Gostaria de conhecer a rotina do seu dia: a que horas acorda, os horários de suas refeições, o seu trabalho, os estudos e as demais atividades, e principalmente onde se encontra na sua lida diária. Uma pergunta direta: você tem procurado viver pela fé? O apóstolo Paulo tinha a certeza do seu propósito de agradar a Deus: "Acaso busco eu agora a aprovação dos homens ou a de Deus? Ou estou tentando agradar a homens? Se eu ainda estivesse procurando agradar a homens, não seria servo de Cristo" (Gálatas 1:10). O discípulo de Jesus colocou a vida dele diante de todos: não estava preocupado em agradar as pessoas, pois como servo de Jesus a preocupação dele era satisfazer a Deus. Assim devemos agir, para agradar a Deus, e isso só é possível pela fé. Vamos colocar isso em prática.

- Faça uma lista com tudo o que você precisa fazer, ou deixar de fazer, para viver pela fé e agradar a Deus.
- Ore com fé, exponha sua situação ao Senhor — ele nos conhece —, peça ajuda a ele para viver novas experiências no propósito de satisfazer a ele.

Faça uma pausa, aproveite para estudar 2Timóteo 2:1-26. Volte à leitura sempre que precisar compreender melhor o ensinamento. Agora, siga com novos propósitos:

- Planejarei as próximas horas, os próximos dias e todo o meu tempo visando dar prioridade a tudo que sei que vai agradar a Deus, a tudo que vai me aproximar dele.

Viver com Deus é uma bênção

- Buscarei forças em Deus para viver pela fé, tentando agradar a ele e me tornar mais útil às demais pessoas.

No corre-corre da vida cotidiana, nem sempre temos tempo para parar e ouvir o que Deus tem a nos dizer. A luta pelos bens materiais muitas vezes toma o lugar das coisas espirituais. E, veja bem, não há nenhum mal em buscar melhor condição financeira ou mais conforto para o dia a dia. O problema é que, na ânsia de adquirir melhor conforto para o nosso viver, relutamos em priorizar as coisas que vêm da parte de Deus, que sempre tem o melhor para nós. Que tal começar a estabelecer novas prioridades na sua vida?

Pare e pense
"Coloca tua alegria em Iahweh e ele realizará os desejos do teu coração. Entrega teu caminho a Iahweh, confia nele e ele agirá" (Salmos 37:4,5 bj).

Torne esse texto real em sua vida
Vivermos alegres no Senhor é condição fundamental para que as nossas súplicas sejam por ele ouvidas.

- 📖 "Coloca a tua alegria em Iahweh..." → Isso é possível quando reconhecemos que o Senhor é o nosso Deus e que, além dele, não há outro. Como afirmou o Salmista: "De eternidade a eternidade tu és Deus" (Salmos 90:2).
- 📖 "...e ele realizará os desejos do teu coração." → Quais são os desejos do seu coração? Quando vivemos em comunhão com Deus, os desejos do nosso coração estão ajustados à vontade dele.
- 📖 "Entrega o teu caminho a Iahweh..." → Essa doação não é fácil, significa deixar de lado os nossos interesses pessoais

para que a vontade de Deus prevaleça. Você está disposto a fazer essa entrega?

📖 "...confia nele..." → É o que tanto temos falado, viva pela fé. Quando confiamos plenamente, obedecemos completamente.

📖 "...e ele agirá." → O agir dele vem por Jesus, pois ele garantiu satisfazer aos desejos do nosso coração. "Se vocês permanecerem em mim, e as minhas palavras permanecerem em vocês, pedirão o que quiserem, e lhes será concedido" (João 15:7).

Capítulo 7

A vida toda

Eu te bendirei enquanto viver, e em teu nome levantarei as minhas mãos.
— Salmos 63:4

Viver em comunhão com Deus é um estilo de vida. Não é possível termos comunhão com ele em determinados momentos e nos esquecermos dele em outros. A comunhão com Deus move a vida, tanto que o salmista declarou: "Eu te bendirei enquanto viver, e em teu nome levantarei as minhas mãos." Conhecendo a grandeza da graça divina, devemos viver novo estilo de vida para glorificar ao Senhor. É possível que a essa altura você esteja querendo saber o que fazer para ajustar o viver em comunhão com Deus com o seu estilo de vida.

Algo de importância fundamental nesta experiência é a oração. Não se trata de uma simples repetição, mas de uma conversa franca com o nosso Pai celestial. Assim como os filhos se apresentam diante dos pais e conversam com eles, do mesmo modo nos apresentamos diante do nosso Deus, certos — pela fé — de que ele nos ouve. Como anda o seu planejamento de oração? Paulo recomenda: "Orem continuamente" (1 Tessalonicenses 5:17). Significa que devemos orar o tempo todo, que não podemos deixar de orar.

Tem muita gente que ora somente quando deseja receber bênçãos materiais; entretanto, mais do que buscar atendimento às nossas necessidades prosaicas (um bom trabalho, um salário maior, saúde perfeita, o máximo de conforto), precisamos mesmo é viver em comunhão com Deus. O "ser" é muito mais importante que o "ter".

A Bíblia fala de várias pessoas que viveram em comunhão com Deus. "Enoque andou com Deus; e já não foi encontrado, pois Deus o havia arrebatado" (Gênesis 5:24); de Noé foi dito que "era homem justo, íntegro entre o povo da sua época; ele andava com Deus" (Gênesis 6:9); a respeito de Davi, Deus mesmo disse, "encontrei Davi, filho de Jessé, homem segundo o meu coração" (Atos 13:22); na abertura do livro de Jó, lemos a maneira como ele era conhecido, "um homem íntegro e justo; temia a Deus e evitava fazer o mal" (Jó 1:1); Paulo nós já conhecemos, lembra-se de ter ele dito que sua comunhão com Jesus era tão significativa que vivia pela fé no filho de Deus, quem o havia amado tanto a ponto de se doar completamente por ele? Quando estudamos a vida dessas e de várias outras pessoas que viveram em comunhão com Deus, aprendemos que essa comunhão é, de fato, um exercício contínuo.

A comunhão com Deus não é como uma roupa, capa ou fantasia que colocamos em um momento e que logo trocamos. Ao contrário, é permanente e precisa ser levada a sério no nosso dia a dia, precisa ser considerada a todo instante. Não é possível agir em algumas ocasiões como filho de Deus e, em outras, como se não o conhecêssemos. Não há outra opção para quem se dispõe a viver em comunhão com Deus senão bendizer ao Senhor Jesus. Ele afirmou: "Aquele que não está comigo é contra mim, e aquele que comigo não ajunta, espalha" (Lucas 11:23).

Nossa intenção (e por isso repetimos) é deixar claro que bendizer ao Senhor é uma ação completa e contínua — não basta bendizer com os lábios. No Salmo 62 há uma referência às pessoas que "com a boca abençoam, mas no íntimo amaldiçoam" (v. 4). A falta de autenticidade, mesmo no relacionamento com o próximo, não agrada a Deus. Ele está falando de quem se ajunta com o propósito de derrubar o próximo e de quem tem prazer na mentira, ou seja, dos que se comprazem em fazer o mal ao próximo. Por mais que alguém assim use a boca para cantar ou pregar, ou realizar qualquer exercício religioso, não estará bendizendo ao Senhor, uma vez que a sua vida inteira não está posta no altar.

Davi apresentou o perfil da pessoa que vive em comunhão com Deus:

> Senhor, quem habitará no teu santuário? Quem poderá morar no teu santo monte? Aquele que é íntegro em sua conduta e pratica o que é justo, que de coração fala a verdade e não usa a língua para difamar, que nenhum mal faz ao seu semelhante e não lança calúnia contra o seu próximo, que rejeita quem merece desprezo, mas honra os que temem o Senhor, que mantém a sua palavra, mesmo quando sai prejudicado, que não empresta o seu dinheiro visando ao lucro nem aceita suborno contra o inocente. Quem assim procede nunca será abalado!
>
> (Salmos 15:1-5)

A mensagem de Isaías começa com a advertência contra a adoração dividida, pois Deus não suporta o falso louvor. O desafio é: "Lavem-se! Limpem-se! Removam suas más obras para longe da minha vista! Parem de fazer o mal, aprendam a fazer o bem! Busquem a justiça, acabem com a opressão. Lutem pelos direitos do órfão, defendam a causa da viúva" (Isaías 1:16,17). O único recurso para essa purificação é o sangue de Jesus — é a mensagem do versículo seguinte: "'Venham, vamos refletir juntos', diz o Senhor. 'Embora os seus pecados sejam vermelhos como escarlate, eles se tornarão brancos como a neve; embora sejam rubros como a púrpura, como a lã se tornarão'" (Isaías 1:18). Veja bem a disposição do salmista: "Bendiga o Senhor a minha alma! Bendiga o Senhor todo o meu ser! Bendiga o Senhor a minha alma! Não esqueça nenhuma de suas bênçãos!" (Salmos 103:1,2). A disposição do salmista o levava a se aproximar de Deus de modo completo, o que pode ser constatado nas passagens "bendiga o Senhor todo o meu ser!" e "não esqueça nenhuma de suas bênçãos!"

As mãos levantadas podem acompanhar a adoração coletiva; todavia, devemos saber que a nossa comunhão com Deus não se torna completa por causa das mãos levantadas ou de qualquer outra expressão corporal vazia, mas da sintonia com a vida inteira: "Eu te bendirei enquanto viver, e em teu nome levantarei as minhas mãos" (Salmos 63:4). É a adoração que move a vida, pois ela envolve a existência toda, e pode ser expressa com o corpo inteiro.

O que é fundamental?

Buscar constante comunhão com Deus, e que esse ato vá além de um comportamento religioso, mas que nele haja uma decisão pessoal, um novo estilo de vida para a honra e a glória do Senhor.

Algumas vezes, nas cidades onde residi e servi como pastor, encontrei pessoas que me disseram já terem sido cristãs. Pior ainda, houve ocasiões em que esse tipo de afirmação vinha de pessoas que viviam completamente distantes de Deus. Um dia, encontrei um rapaz, em uma cidade da qual já havia me mudado. Ele estava cambaleante, sob o efeito das drogas. Olhou-me fixamente e, ao me reconhecer, disse meu nome:

— Pastor Jilton?

— Sim. E você, quem é?

Ao que ele respondeu:

— Fui desta igreja quando o senhor era pastor aqui, mas me afastei.

Depois de conversar com ele, lembrei-me do adolescente saudável que era, tinha todo o futuro pela frente, mas preferiu seguir os descaminhos da vida. Mas havia esperança para ele, e foi o que lhe disse.

O que fazer?

Como tem sido sua vida até aqui? Que fatos importantes têm acontecido e marcado o seu viver? É claro que isso é interessante, porém o que mais importa agora é sua vida no presente e no futuro. Que tal nos preocuparmos com o hoje e o amanhã? Quem olha muito para trás, termina tropeçando, então vamos seguir em frente.

- Ore a Deus pedindo-lhe que ilumine o seu caminho, para que você não tropece em nenhum obstáculo e termine caindo.
- Declare ao nosso Deus que você está entregando a vida a ele não apenas por um momento, mas por todos os dias.

Confie que o Senhor vai fortalecer cada dia mais a fé que você tem nele. Siga firme:

- Pedirei ao Senhor, todos os dias, para que a Palavra dele, a Bíblia, a "lâmpada que ilumina os meus passos e luz que clareia o meu caminho" (Salmos 119:105), me guie.
- Suplicarei que a presença do Espírito Santo seja uma realidade, orientando o meu viver e ajudando-me a agir de acordo com a vontade de Deus.

Cair é algo vergonhoso, pois nos expõe a um vexame terrível. Não gosto nem de lembrar as vezes que caí, mas vou contar para você, a última foi terrível. Aconteceu em uma movimentada rua no Recife. Todo o meu corpo simplesmente desabou. De repente, fiquei jogado à calçada, enquanto as pessoas passavam e olhavam o meu embaraço. Acontece que, tão rápido quanto possível, eu me levantei, pus-me em pé e retomei a minha caminhada. Peço sempre a Deus que não me deixe cair, peço-lhe mais ainda que não me deixe passar a desonra de me afastar dele — isto seria pior do que qualquer queda vergonhosa.

Pare e pense

"Por essa causa também sofro, mas não me envergonho, porque sei em quem tenho crido e estou bem certo de que ele é poderoso para guardar o meu depósito até aquele dia" (2Timóteo 1:12).

Torne esse texto real em sua vida

Vale a pena colocarmos a vida nas mãos do Senhor, deixando tudo sob os cuidados dele, na certeza de que ele cuida de nós até o fim.

- 📖 "Por essa causa também sofro…" → O sofrimento de Paulo era pela sua comunhão com Deus: estava sendo perseguido pela sua lealdade a Cristo. Você tem sofrido? Qual a causa da sua angústia?
- 📖 "…mas não me envergonho…" → Os sofrimentos não fariam Paulo ficar constrangido e envergonhado, pois a fé que ele tinha em Jesus não lhe causava vergonha. E a sua fé? Você está disposto a seguir em comunhão com Deus por toda a vida?
- 📖 "…porque sei em quem tenho crido…" → Não pode haver maravilha maior do que podermos declarar a nossa fé, sabermos o que cremos e em quem cremos. Acreditamos no evangelho, o poder de Deus para a salvação de todo aquele que crê (ver Romanos 1:16); acreditamos em Jesus Cristo, nosso Senhor e Salvador.
- 📖 "…e estou bem certo de que ele é poderoso…" → Desde que Jesus foi ao encontro dele, no caminho de Damasco, Paulo não teve mais nenhuma dúvida de que Jesus era o Poderoso Salvador. E você, o que pode dizer sobre Jesus?
- 📖 "…para guardar o meu depósito até aquele dia." → Paulo havia confiado ao Senhor Jesus o tesouro da sua vida. Nada melhor do que estarmos guardados naquele que é poderoso para garantir a nossa comunhão com Deus. Você já entregou sua vida a Jesus?

Capítulo 8

Deus me ouve

Clame a mim e eu responderei, e lhe direi coisas grandiosas
e insondáveis que você não conhece.
— *Jeremias 33:3*

Que garantia podemos ter de que Deus nos ouve? Ele tem se apresentado ao mundo como o Deus que ouve o clamor do seu povo. Lembra-se de quando ele se apresentou a Moisés e o desafiou a liderar o povo no Êxodo? Veja bem o que ele falou: "De fato tenho visto a opressão sobre o meu povo no Egito, tenho escutado o seu clamor, por causa dos seus feitores, e sei quanto eles estão sofrendo" (Êxodo 3:7).

As palavras do início do nosso capítulo foram dirigidas por Deus ao profeta Jeremias. No momento difícil que ele e o povo atravessavam, era preciso clamar ao Senhor. A resposta que Deus tinha para o seu povo não era exatamente a que eles tanto queriam, mas eles necessitavam viver em comunhão com o Senhor para compreender a vontade dele.

Quantas vezes as coisas ocorrem dessa maneira, temos tudo traçado, os nossos planos estão todos estabelecidos e, então, oramos, desejando que Deus nos ouça e nos responda. Foi o que aconteceu ao povo, eles queriam a libertação imediata, mas o plano do Senhor era que permanecessem onde estavam. Por isso, a mensagem que o profeta Jeremias pregava não era bem-aceita. Deus ouve, mas somente a comunhão com ele nos ensina a pedirmos que a vontade dele se cumpra.

Não há dúvida de que Deus nos ouve quando a ele nos dirigimos. Foi essa a experiência de Davi: "Eu clamo a ti, ó Deus, pois tu me respondes; inclina para mim os teus ouvidos e ouve a minha oração" (Salmos 17:6). Nada pode ser mais valioso que a certeza de que o Criador nos ouve e de que podemos, pela fé, declarar firmemente: "Ele me ouve!" E nos ouve em todo o tempo: "À tarde, pela manhã e ao meio-dia choro angustiado, e ele ouve a minha voz" (Salmos 55:17). Você tem esta certeza? Deus tem sido presente em sua vida? Você pode clamar por ele agora mesmo!

Jesus nos garante que Deus responde às nossas orações. "Quando você orar, vá para seu quarto, feche a porta e ore a seu Pai, que está no secreto. Então seu Pai, que vê no secreto, o recompensará" (Mateus 6:6). A maior recompensa de nossa oração é a convicção da presença de Deus, é a certeza de que a nossa comunhão com ele é verdade permanente, é realidade que se concretiza quando entregamos a vida ao Senhor Jesus e passamos a contar com o auxílio constante do Espírito Santo, enviado por Deus para nos assistir e nos lembrar de tudo o que Jesus tem feito por nós. Veja como Jesus deixou isso bem claro: "Mas o Conselheiro, o Espírito Santo, que o Pai enviará em meu nome, lhes ensinará todas as coisas e lhes fará lembrar tudo o que eu lhes disse" (João 14:26). Que Deus maravilhoso! Além de nos enviar Jesus Cristo, seu Filho, ainda nos envia o Espírito Santo, "nos ajuda em nossa fraqueza, pois não sabemos como orar, mas o próprio Espírito intercede por nós com gemidos inexprimíveis" (Romanos 8:26).

Você conhece algum caso real de alguém do seu círculo de amizade que tem orado a Deus e tem sido ouvido? Na sua experiência, quantas vezes isso tem acontecido? Em determinada ocasião, preguei sobre a providência de Deus. O versículo que utilizei diz: "Inútil vos será levantar de madrugada, repousar tarde, comer o pão que penosamente granjeastes; aos seus amados ele o dá enquanto dormem" (Salmos 127:2 ARA). Voltando do culto, disse à minha esposa que eu estava pedindo a Deus que essas palavras do texto bíblico fossem uma realidade em nossa vida. Então, ela me perguntou o que eu realmente havia pedido. Só nesse momento percebi que eu não sabia o que realmente estava pedindo. Falei a ela que eu não sabia, mas que Deus sabia e que iria nos responder. Nesse época, estávamos em plena atividade pastoral. No dia seguinte, bem cedo, um casal de nossa igreja passou em casa e nos deixou um presente. Enquanto tomávamos café, fiquei sabendo que havíamos recebido feijão verde e filé bovino. Fiquei alegre pelo presente, mas nada de especial me veio à mente. Saí para o meu escritório, no seminário, e durante o meu momento devocional, enquanto orava, compreendi que naquela generosa dádiva estava a resposta. Enquanto eu dormia, Deus estava providenciando o melhor para mim, minha esposa e meus filhos. E mais que isso, ele estava me dizendo que tem sempre o primeiro e o melhor para aqueles que a ele se entregam. Aquele feijão significava os primeiros frutos, as primícias, da roça dos nossos amigos; e o filé, carne nobre, representava o melhor. Naquele momento, glorifiquei a Deus e logo a seguir liguei para a minha esposa, informando-lhe que Deus já havia me respondido. Deus ouve, mas nós precisamos estar atentos para perceber quando ele acena para nós.

O que é fundamental?

Confiar que Deus me ouve, me conhece e me responde, razão pela qual não devo esperar respostas padronizadas: ele sabe do que preciso e tem o melhor para mim.

Ao refletir sobre o modo como Deus ouviu minha oração naquele dia, fico maravilhado. Em toda a minha vida, foi a única vez que o Eterno Pai me respondeu assim. E como tenho aprendido e estou a aprender com a maneira como Deus nos ouve! Bem que eu gostaria que alguém viesse à minha casa trazendo feijão verde e filé bovino toda semana; contudo, em mais de quarenta anos de casado, foi a única vez que isso aconteceu. A resposta foi dada na hora e na medida certas para me ensinar que Deus trata a cada um de nós como filhos queridos. E é claro que você está nesse rol, que você é precioso para Deus, basta lembrar quantas vezes ele tem estado ao seu lado e ao lado dos seus queridos.

O que fazer?

Diante de Deus, a nossa atitude deve ser de adoração humilde. Somente ao buscarmos completo esvaziamento de toda soberba e de todo sentimento de superioridade, poderemos ser ouvidos pelo Senhor. Pedro recomenda, "sejam todos humildes uns para com os outros, porque 'Deus se opõe aos orgulhosos, mas concede graça aos humildes'" (1Pedro 5:5). A ideia é que todos nós precisamos vestir o avental da simplicidade. A oração há de ser sempre um pedido humilde. Basta olharmos como Jesus começa a oração modelo: "Vocês, orem assim: 'Pai nosso, que estás nos céus! Santificado seja o teu nome. Venha o teu Reino; seja feita a tua vontade, assim na terra como no céu'" (Mateus 6:9,10). Antes de apresentarmos os nossos pedidos pessoais, devemos (1) invocar aquele a quem temos conhecido como Pai e que está no céu: "Pai nosso, que estás nos céus"; (2) declarar a santidade do Deus único, a quem buscamos, em oração: "Santificado seja o teu nome"; (3) revelar o nosso interesse pelo Reino de Deus: "Venha o teu Reino"; (4) aceitar e suplicar que a vontade de Deus seja feita: "Seja feita a tua vontade, assim na terra como no céu." Somente depois podemos falar as súplicas pessoais, como o pão de cada dia, o perdão condicional, forças para não cair em tentação e o livramento do mal, finalizando com a admissão da completa soberania de Deus (Mateus 6:11-14).

- Leia o texto da oração do Pai-Nosso (Mateus 6:9-14) e anote as principais lições que você aprende. Tente responder a perguntas como: Falo com Deus como um filho fala com seu pai? Afirmo sua santidade? Estou preocupado com o Reino dele? Declaro que a vontade dele seja feita?

- Ore agradecendo a bondade de Deus em ouvir as suas súplicas e peça-lhe perdão pelas tantas vezes que recebeu favores dele e nem percebeu.

Na segunda etapa, continue trabalhando com a convicção de que o Senhor nos ouve e nos responde.

- Anote algumas grandes bênçãos recebidas de Deus nas últimas semanas. Tente lembrar... Só o fato de estarmos vivos é uma grande bênção.
- Prepare uma lista com todas as bênçãos que você deseja receber de Deus — seja bem claro, mencione o pedido e a razão de sua súplica.

Algumas vezes, você vai ser tentado a agir de acordo com a sua própria vontade, mas não faça isso, pois não há nada melhor do que esperarmos o tempo de Deus. É no tempo oportuno, no tempo dele, que ele nos exalta. Pedro declarou: "Portanto, humilhem-se debaixo da poderosa mão de Deus, para que ele os exalte no tempo devido" (1Pedro 5:6). Pode parecer difícil, mas não desista, pois Deus age. Espere o tempo dele.

Pare e pense

"Se vocês permanecerem em mim, e as minhas palavras permanecerem em vocês, pedirão o que quiserem, e lhes será concedido" (João 15:7).

Torne esse texto real em sua vida

Esse versículo tem uma importante promessa, é a confirmação de tudo o que temos visto até aqui: Deus nos ouve. No entanto, precisamos nos lembrar de que as palavras de Jesus não começam com a afirmação de que tudo será concedido para nós; a promessa vem precedida de uma condição. Primeiro precisamos atender ao pré-requisito que ele estabeleceu.

📖 "Se vocês permanecerem em mim..." → Quero permanecer em Jesus, viver em comunhão com ele. A figura que Cristo usou foi a da união entre a videira e os seus ramos (ver João 15:5,6). Tente perceber você mesmo se a sua vida está realmente unida ao Senhor Jesus.

📖 "...e as minhas palavras permanecerem em vocês..." → Sabemos que o Espírito Santo é quem nos faz lembrar as palavras de Jesus; a prova de que as palavras dele permanecem em nós é a obediência.

📖 "...pedirão o que quiserem..." → Quem permanece em Jesus e tem a vida determinada pelas palavras dele, sabe o que realmente convém pedir: não pedirá pelo seu bem-estar, mas pelo engrandecimento do Reino de Deus; não pensará de modo vaidoso, mas humildemente pedirá que a vontade de Deus seja feita. Que tipo de pedidos você tem feito ao Senhor?

📖 "...e lhes será concedido." → Aprendo que, antes de fazer qualquer pedido ao Criador, devo me apresentar em atitude de obediência e submissão. Só assim somos ouvidos.

Capítulo 9

Pessoal e intransferível

Meus ouvidos já tinham ouvido a teu respeito,
mas agora os meus olhos te viram.
—Jó 42:5

O conhecimento no relacionamento entre pessoas é algo fascinante! A diferença entre o que ouvimos de alguém e o que constatamos no convívio pessoal é bastante significativa. Pode-se afirmar que, ao conhecermos uma pessoa só por meio de informações, temos um conhecimento por meio de testemunhos, sem uma experiência concreta. Lembra-se de quando se encontrou com alguém de quem já ouvira falar, apesar de ainda não ter tido contato pessoal? Imagino que todos nós podemos nos lembrar de experiências assim. Às vezes, ficamos na expectativa: como será essa pessoa? Até que, finalmente, chega o momento do encontro.

O nosso relacionamento com Deus também funciona dessa maneira. Muitas pessoas o conhecem só de ouvir falar, mas ainda não tiveram nenhuma experiência profunda com ele. Foi assim com um homem chamado Jó. Ele era gente boa, sua apresentação diz que "era homem íntegro e justo; temia a Deus e evitava fazer o mal" (Jó 1:1). Quem não gostaria de ser conhecido por essas qualidades? Ele parecia um homem religioso; no entanto, chegou o momento em sua vida no qual afirmou que, embora até então só houvesse ouvido falar de Deus, seus olhos podiam ver o Todo-Poderoso.

A experiência religiosa da criança tem sido denominada "religião de segunda mão". Comigo aconteceu da seguinte maneira: era menino, ainda pequeno, quando minha avó materna começou a me levar para assistir aos cultos da igreja. Minha vida religiosa estava na dependência da religiosidade de minha avó. É assim que acontece, a criança conhece Deus na medida do conhecimento de seus pais ou de algum adulto. Na adolescência, adquirimos a capacidade de amar, e o nosso conhecimento de Deus pode se tornar uma experiência de primeira mão. O problema de Jó, entretanto, era diferente. Ele já era adulto, casado, tinha filhos e filhas, e era muito rico. Somente depois de atravessar duras provas, perdendo todos os bens e os filhos, foi possível ao sr. Jó ter uma experiência pessoal e profunda com Deus.

Nossa comunhão com Deus não pode ser uma experiência de segunda mão. Ninguém crê em Deus porque as outras pessoas creem. A fé é algo pessoal. Até mesmo algumas crianças, ainda em tenra idade, chegam ao ponto no qual compreendem que precisam de comunhão com Deus e têm uma experiência pessoal e intransferível.

Uma história interessante é a de Paulo e Silas, em Filipos. Eles estavam presos porque haviam feito o bem e pregado a mensagem de Jesus. Na prisão, em um momento de perturbação e medo, o carcereiro quis cometer suicídio. Paulo o acalmou, e o guarda perguntou o que podia fazer para ser salvo. A resposta deles foi simples e direta: "Creia no Senhor Jesus, e serão salvos, você e os de sua casa" (Atos 16:31). Não significava que a experiência do homem iria salvar toda a família; o fato de ele receber Jesus, pela fé, e passar a ter comunhão com Deus não garantiria que a família dele também estivesse em comunhão com o Senhor. Cada um deles também precisaria crer para poder iniciar um relacionamento significativo com o Criador. E foi o que aconteceu. Veja o resto da história:

E pregaram a palavra de Deus, a ele e a todos os de sua casa. Naquela mesma hora da noite, o carcereiro lavou as feridas deles;

Viver com Deus é uma bênção

em seguida, ele e todos os seus foram batizados. Então os levou para a sua casa, serviu-lhes uma refeição e com todos os de sua casa alegrou-se muito por haver crido em Deus. (Atos 16:32-34)

Entreguei minha vida a Jesus ainda na pré-adolescência, lembro-me perfeitamente daquela noite, a mensagem foi sobre a crucificação de Jesus. O pregador pintou em cores vivas o quadro do sofrimento do Filho de Deus, pregado na cruz. Duas verdades penetraram bem forte em minha mente: (1) Jesus, o Filho de Deus, sem pecado, foi condenado, sofreu e morreu; (2) Jesus me ama tanto que morreu em meu lugar. Essas duas constatações me ajudaram a tomar a decisão de entregar minha vida ao Senhor Jesus, quem assumiu a minha culpa, tomou sobre os ombros os meus pecados e pagou o preço da minha libertação. Foi a experiência mais marcante que tive em toda a minha vida!

O que é fundamental?

Alicerçar mais e mais a fé em Jesus, pois minha comunhão com Deus não depende dos outros nem das circunstâncias, mas do cultivo da minha relação com ele.

Problemas surgem, estão sempre diante de nós. Posso imaginar quantas dificuldades você enfrenta no seu cotidiano — o quebra-cabeça que precisamos armar todo dia para não sermos derrotados no início da corrida. Mas há algo que me alegra, você é vitorioso, pois só o seu desejo de ter comunhão com Deus e o fato de haver chegado até aqui dizem muito sobre o seu caráter batalhador. Pois bem, vamos em frente, por mais que os problemas sejam grandes, devemos fortificar a nossa fé em Jesus e, assim, podemos dizer: "Os problemas são grandes, mas a minha fé em Deus é muito maior!"

O que fazer?

- Entregue sua vida a Jesus. Esse é primeiro passo. Ele convida: "Venham a mim, todos os que estão cansados e sobrecarregados, e eu lhes darei descanso. Tomem sobre vocês o meu jugo e aprendam de mim, pois sou manso e humilde de coração, e vocês encontrarão descanso para as suas almas. Pois o meu jugo é suave e o meu fardo é leve" (Mateus 11:28-30).

- Firme o propósito de seguir, pois a nossa comunhão com Deus é pessoal e intransferível; por isso, procure fortalecer, todos os dias, a sua fé no Filho de Deus.

Diante de Deus, em oração, diga-lhe que está colocando sua vida nas mãos dele e peça-lhe que dirija firmemente a sua fé e que guie seus passos o tempo todo. Declare o seu propósito:

- Buscarei todos os dias a presença de Deus em oração, pois sei que ele está pronto para me ouvir quando a ele clamar.
- Reafirmo meu compromisso de transformar a leitura da Bíblia e a oração em prática diária, buscando nela respostas para todos os momentos do meu dia.

Conforme falamos anteriormente, os problemas vêm. Você precisa estar preparado para enfrentá-los, sem desanimar.

Pare e pense

"Agora que vocês foram libertados do pecado e se tornaram escravos de Deus, o fruto que colhem leva à santidade, e o seu fim é a vida eterna. Pois o salário do pecado é a morte, mas o dom gratuito de Deus é a vida eterna em Cristo Jesus, nosso Senhor" (Romanos 6:22,23).

Torne esse texto real em sua vida

Quando entregamos a vida ao Senhor Jesus, não só somos libertos do pecado, mas também temos a garantia da vida eterna.

Viver com Deus é uma bênção

📖 "Agora que vocês foram libertados do pecado…" → Quero entregar minha vida ao Senhor Jesus, ele tem se tornado o meu salvador pessoal, e assim recebo a libertação meus pecados.

📖 "…e se tornaram escravos de Deus…" → Uma vez liberto dos meus pecados, tenho o privilégio de servir incondicionalmente àquele que bondosamente me deu a vida eterna. Deixo de ser escravo do pecado e me torno um escravo do Criador, que me libertou.

📖 "…o fruto que colhem leva à santidade…" → O Deus santo me libertou do pecado, e assim a santidade, atributo essencial do Todo-Poderoso, passa a ser um procedimento natural em minha vida, uma vez que fui separado do mundo e me dedico para o louvor da glória dele.

📖 "…e o seu fim é a vida eterna." → A santidade faz parte do processo que me leva à presença de Jesus, à vida eterna; como diz Paulo, "visto que temos essas promessas, purifiquemo-nos de tudo o que contamina o corpo e o espírito, aperfeiçoando a santidade no temor de Deus" (2Coríntios 7:1).

📖 "Pois o salário do pecado é a morte…" → Se eu preferir permanecer no pecado e não me arrepender das ações que tanto prejudicam a minha própria vida e desagradam ao Senhor, se eu não me entregar a Jesus, estarei rejeitando a comunhão com Deus, e isso resulta na morte.

📖 "…mas o dom gratuito de Deus é a vida eterna…" → Deus, no seu infinito amor, para me oferecer a vida, providenciou gratuitamente um meio de salvação para mim e para todos os que creem no nome de Jesus: termos a vida eterna.

📖 "…em Cristo Jesus, nosso Senhor." → Somente crendo em Jesus escapamos dessa ameaça de morte. A Bíblia deixa claro que "não há salvação em nenhum outro, pois, debaixo do céu, não há nenhum outro nome dado aos homens pelo qual devamos ser salvos" (Atos 4:12).

Capítulo 10

Mudança para valer

Se alguém está em Cristo, é nova criação.
As coisas antigas já passaram; eis que surgiram coisas novas!
— 2Coríntios 5:17

Mudar não é fácil, principalmente depois de crescermos. Crianças e adolescentes estão em constante mudança. Os jovens ainda mudam com certa facilidade; para os adultos, porém, mudar é bem mais complexo. Imagine uma mudança para valer, uma transformação completa! É algo bem mais difícil de acontecer. A comunhão com Deus exige de cada um de nós a disposição de se entregar nas mãos do Senhor, a fim de que ele modifique tudo o que precisa ser transformado na nossa vida. Isso geralmente provoca resultados incríveis.

Foi o que aconteceu ao personagem da história que vou contar. Era um deficiente visual, um cego de nascença. Certo dia, Jesus, ao passar com seus discípulos, o encontrou e, para curá-lo, fez algo inesperado: cuspiu no chão, misturou a saliva com terra, pegou a mistura, aplicou-a aos olhos do homem e mandou que ele fosse se lavar no tanque de Siloé. O deficiente visual obedeceu a Jesus, foi lavar-se e voltou enxergando! Você pode imaginar que maravilha?! A partir de então, foi um alvoroço só. Os vizinhos e todos os que conheciam aquele homem, boquiabertos diante de tão grande transformação, perguntavam: "Não é este o mesmo homem que costumava ficar sentado, mendigando?" Algumas pessoas achavam que ele era o cego, o mendigo; outras diziam que era alguém parecido com ele, mas não era ele. E assim a discussão tomou conta do lugar onde o homem morava.

Por mais que o personagem da nossa história insistisse em afirmar ser ele mesmo o homem que antes era cego e mendigo, ainda assim as pessoas ficaram confusas e lhe perguntavam o que havia lhe acontecido para que passasse a enxergar. Ele contava a história do seu encontro com Jesus, mencionava todos os detalhes, mas ainda assim as pessoas não acreditavam que ele tivesse mudado tanto.

A mudança mais significativa que aconteceu na vida desse homem não foi a cura física, foi a transformação interior. Seus pais foram procurados para falar sobre o que havia acontecido ao filho, mas eles, com medo de serem expulsos da sinagoga, quase nada falaram. Apenas disseram: "Sabemos que ele é nosso filho e que nasceu cego. Mas não sabemos como ele pode ver agora ou quem lhe abriu os olhos. Perguntem a ele. Idade ele tem; falará por si mesmo." Ao contar sobre Jesus, o homem que fora cego afirmou: "Uma coisa sei: eu era cego e agora vejo!" E por haver tido a coragem de enfrentar os líderes religiosos, eles o expulsaram do templo. Essa história está no capítulo 9 do evangelho de João. Observe como o final é cheio de emoções:

> Jesus ouviu que o haviam expulsado, e, ao encontrá-lo, disse: "Você crê no Filho do Homem?" Perguntou o homem: "Quem é ele, Senhor, para que eu nele creia?" Disse Jesus: "Você já o tem visto. É aquele que está falando com você." Então o homem disse: "Senhor, eu creio." E o adorou. (João 9:35-38)

Não existe maravilha maior para alguém do que mudar pelo toque de Jesus. É claro que a sua experiência e a minha são bem diferentes. No encontro com Jesus hoje, não o vemos com os nossos olhos, não o tocamos com as nossas mãos nem ele vai fazer lama para colocar nas nossas enfermidades; no entanto, a bênção maior está no fato de que Jesus vive, e o encontro que temos com ele é real. Ele nos encontra e nós cremos nele! E nesta experiência de fé, o toque do Senhor se torna tão autêntico que realiza em nós uma mudança para valer.

O modo como Jesus trabalha em cada um de nós é algo inexplicável, como aconteceu ao deficiente visual da nossa história. As pessoas, por mais que ouçam, continuam perplexas. Muitas vezes, apesar de os problemas de saúde e as limitações físicas continuarem, ainda assim a mudança que Jesus realiza no nosso interior é tão grande que os efeitos das enfermidades se tornam insignificantes, quando comparados com a alegria que ele nos dá. Deixe-me contar a história de outro deficiente visual, desta vez um amigo muito querido. Realizei seu casamento e gosto muito de conversar com ele. Há alguns anos, ele se apresentou para ser batizado na igreja onde eu era pastor. Quando o coloquei em contato com os irmãos, para que afirmasse sua fé em Deus, ele fez uma declaração que emocionou a todos nós. Afirmou que problemas de saúde haviam ocasionado a perda de sua visão, mas ele estava alegre porque podia ver muito mais, podia ver com os olhos da fé. E terminou dizendo: "Posso ver a luz de Jesus, o meu Salvador."

O que é fundamental?

Assumir o compromisso de mudar totalmente, dispondo-me a deixar que Jesus realize a transformação que só é possível por meio dele, o único capaz de me perdoar e me libertar.

Por mais que alguém busque se transformar por seus próprios esforços, finda em desapontamento e frustração. O templo da igreja onde eu servia ficava no centro de uma grande cidade. Uma noite, depois do culto, fui procurado por um homem que queria falar com o pastor. Começamos a conversar, e o ouvi falar de sua dificuldade para vencer o vício da bebida. Era um jovem preparado, mas não havia conseguido terminar seu curso superior por causa do vício; era exímio vendedor, no entanto logo perdia a oportunidade, por chegar embriagado. Eu o ouvi com atenção e logo descobri que ele não me procurou para pedir ajuda material ou emprego, pois ele precisava, na verdade, de acolhimento.

Durante semanas, meses, ele voltou ao gabinete pastoral. Disse-lhe que precisava de uma transformação completa e que só ao entregar a vida a Jesus tão grande mudança seria possível. Apesar de me ouvir com muita atenção, ele sempre fugia do assunto, afirmando que lia bons livros de autoajuda sobre o poder da mente e do pensamento. À medida que o tempo passava, ele ia se tornando mais conhecido pelas pessoas da igreja; chegou a ser aluno da escola bíblica dominical, não frequentava só os cultos de domingo. No entanto, seguia lendo os livros que em nada o ajudavam. Cada vez que imaginávamos estar ele quase recuperado, ocorria uma nova queda, e ele aparecia aos tombos, movido pelo álcool que a cada dia o debilitava mais. Ele ouviu muitos sermões, pregados por mim e por outros pastores e leigos, nos quais se falava que só Jesus tem poder para transformar completamente. Mesmo assim, nenhuma resposta positiva acontecia.

Certa noite, um amigo pastor pregou em Romanos 6:23 (um dos versículos que vimos no capítulo anterior). O pregador destacou muito bem que, para quem vive no pecado, o fim é a morte; e realçou, ainda mais, que o Criador mandou Jesus para tornar possível uma mudança para valer: "O dom gratuito de Deus é a vida eterna em Cristo Jesus, nosso Senhor." Naquela noite, esse meu amigo tomou a palavra e declarou a todos que entregava a vida a Jesus — e ele o libertou. Ele venceu o vício, voltou para a família, voltou ao curso de sua vida, porque passou a viver em comunhão com Deus.

O que fazer?

Para que uma mudança completa aconteça, é necessário haver arrependimento. Só recuamos quando sentimos que precisamos mudar de direção. Lembro-me de quando viajava com minha família nas férias.

Viver com Deus é uma bênção

Era uma distância de mais de dois mil quilômetros, levávamos dois dias dirigindo o carro, e os nossos filhos pequenos a toda hora perguntavam se já estávamos chegando. De acordo com as indicações dos mapas, seguíamos por diversas estradas, rumo ao nosso destino. Algumas vezes, contudo, tínhamos de mudar a rota e precisávamos voltar, pois havíamos seguido alguma orientação errada. Se isso já lhe aconteceu, você sabe bem que nesses momentos não ficamos nada contentes. Voltar não é fácil, mas é a única saída inteligente nessas ocasiões. Continuar sem rumo significa perder mais tempo ainda, aventurar-se irresponsavelmente e correr o risco maior de afastar-se cada vez mais do alvo desejado. Então, coloque-se diante de Deus firmando novos propósitos.

- Procure caminhar de acordo com as orientações do mapa, a Bíblia Sagrada.
- Mude de direção cada vez que surgirem obstáculos ao seu alvo.

Na vida espiritual, nosso alvo é a comunhão com Deus; então, arrependimento, aqui, significa mudar completamente de direção todas as vezes que algo estiver nos afastando desse objetivo. O mapa que dá rumo ao nosso viver é a Palavra de Deus, que, como temos visto, precisa ser lida e meditada constantemente.

- Pedirei a Jesus que tome conta da minha vida e conduza os meus passos, pois estou disposto a seguir ao lado dele, independentemente da situação.
- Continuarei seguindo com a orientação segura do Espírito Santo. Sei que precisarei seguir pelo único caminho que me leva de volta a Deus, e esse caminho é Jesus.

Pare e pense

"Arrependam-se, pois, e voltem-se para Deus, para que os seus pecados sejam cancelados, para que venham tempos de descanso da parte do Senhor, e ele mande o Cristo, o qual lhes foi designado, Jesus" (Atos 3:19,20).

Torne esse texto real em sua vida

Sem arrependimento não há volta para Deus, somente quando nos arrependemos os nossos pecados são perdoados.

- 📖 "Arrependam-se, pois, e voltem-se para Deus..." → Conhecendo Jesus, me arrependo dos pecados e me disponho a fazer somente o que agrada a Deus.
- 📖 "...para que os seus pecados sejam cancelados..." → Só assim, por meio de Jesus, os pecados que tenho cometido são perdoados. Jesus pagou a minha dívida.
- 📖 "...para que venham tempos de descanso da parte do Senhor..." → Livre do pecado, encontro a verdadeira paz, uma nova vida se descortina diante de mim e alimento-me de tempos da tranquilidade que vem de Deus.
- 📖 "...e ele mande o Cristo, o qual lhes foi designado, Jesus." → E ainda tenho certeza não só de que Cristo voltará, mas também de que todos nós que nos tornamos seus seguidores estaremos para sempre com ele.

Capítulo 11

Um valor maior

O que para mim era lucro, passei a considerar como perda, por causa de Cristo.
Mais do que isso, considero tudo como perda, comparado com a suprema
grandeza do conhecimento de Cristo Jesus,
meu Senhor, por cuja causa perdi todas as coisas.
— Filipenses 3:7,8

O que dá pleno sentido à vida? O que nos realiza completamente? O livro de Eclesiastes conta a história de um sábio que ficou inquieto ao descobrir a falta de sentido da vida, a qual, vista através desse prisma, tornou-se nada mais que grande inutilidade: canseira e enfado incapazes de serem descritos. A partir desse desencanto, ele passou a investigar e a usar a sabedoria para explorar tudo o que era feito na terra.

Partindo dessa experiência, vamos pensar juntos: o que faz sentido para nós? O que faz a vida ser importante? Reflita comigo: sua vida é importante? No caso do sábio, ele descobriu que a própria sabedoria não fazia sentido; ele disse: "Quanto maior a sabedoria, maior o sofrimento; e quanto maior o conhecimento, maior o desgosto" (Eclesiastes 1:18). Nos prazeres, ele também não encontrou sentido: "Eu disse a mim mesmo: venha. Experimente a alegria. Descobri as coisas boas da vida! Mas isso também se revelou inútil. Conclui que o rir é loucura, e a alegria de nada vale" (Eclesiastes 2:1,2).

Certamente muitas pessoas não podem compreender como é que alguém tão sábio e cheio de recursos para dar alegria ao seu viver pode chegar à conclusão de que nada faz sentido, de que nada vale a pena. No entanto, ele não desistiu, continuou sua busca. Dedicou-se a grandes projetos: "Construí casas e plantei vinhas para mim. Fiz jardins e pomares, e neles plantei todo tipo de árvore frutífera" (vv. 4,5). Você pode imaginar o cenário, com casas, jardins e pomares? Diante dessa descrição, muita gente diria que se trata da vida que daria plena satisfação. As vantagens, porém, não pararam por aí. Ele pensou em outros detalhes para aumentar ainda mais os seus benefícios: "Construí também reservatórios para irrigar os meus bosques verdejantes. Comprei escravos e escravas e tive escravos que nasceram em minha casa" (vv. 6,7a). Para completar, ele se apresentou como o homem mais rico em sua terra: "Tive também mais bois e ovelhas do que todos os que viveram antes de mim em Jerusalém. Ajuntei para mim prata e ouro, tesouros dos reis e de províncias" (vv. 7b,8a). Cantores e cantoras estavam a seu serviço, tinha um harém e, como se não bastasse, ainda era a pessoa mais famosa e poderosa do seu tempo (vv. 8b,9). Era alguém que tinha tudo o que queria, tanto que ele afirmou: "Não me neguei nada que os meus olhos desejaram; não me recusei a dar prazer algum ao meu coração" (v. 10).

A experiência vivida por Salomão, rei de Jerusalém, precisa ser mais contada e lembrada em nossos dias. Apesar de toda sua sabedoria, riqueza, poder, fama, prazeres, luxo e aparente realização no trabalho, ele chegou a uma incrível conclusão: "Quando avaliei tudo o que as minhas mãos haviam feito e o trabalho que eu tanto me esforçara para realizar, percebi que tudo foi inútil, foi correr atrás do vento" (v.11). Sabe o que isso significa? Nada que possamos fazer com os nossos próprios esforços pode nos trazer a verdadeira felicidade, a realização completa.

Vamos nos lembrar agora de outro importante personagem: Paulo, o apóstolo. Ele também teve uma vida cheia de privilégios. Chegou a dizer que se alguém tinha razão para confiar nos projetos humanos, ele tinha muito mais, e mencionou os privilégios religiosos que desfrutava:

havia cumprido as exigências da lei, vinha de uma linhagem invejável, obedecia às regras, chegando ao ponto de perseguir os seguidores de Jesus. Mas ainda assim o vazio de sua vida estava presente, e só por meio de Jesus poderia ser preenchido. E isso aconteceu de modo tão marcante que ele falou as palavras que iniciam o nosso capítulo: "O que para mim era lucro, passei a considerar como perda [...] comparado com a suprema grandeza do conhecimento de Cristo Jesus, meu Senhor, por cuja causa perdi todas as coisas" (Filipenses 3:7,8).

Dá para entender? É como alguém ter tudo e não ter nada, renunciar ao aparente tudo para, ficando sem nada, alcançar aquilo que verdadeiramente é tudo. Você tem tudo? A comunhão com Deus nos faz compreender que o nosso valor maior está em Jesus. Paulo chegou a dizer que sua vida não tinha valor para ele mesmo, pois a preciosidade estava em fazer o que Cristo havia determinado para ele (ver Atos 20:24). Onde está a preciosidade de sua vida?

O que é fundamental?

Ter novo valor em minha vida, não mais determinado pela quantidade dos bens que vier a possuir, mas pela qualidade do relacionamento que desejo ter com Deus.

Esse é o plano de Deus para você, para mim e para todos nós. Fomos criados por ele para vivermos em comunhão. Com o pecado, porém, vieram a rebeldia, a dúvida, a desobediência, e assim o homem e a mulher passaram a andar por caminhos tortuosos, afastando-se do alvo para o qual haviam sido criados.

Beverly Shea é o músico mais antigo na equipe de Bill Graham. Quando era jovem e começou a ficar famoso com a música, começou a se afastar de Deus. Um dia, a mãe dele encontrou uma poesia muito tocante sobre a preciosidade de Jesus. Lembrando-se do filho, ela a colocou junto ao piano dele. A mensagem falou tanto ao jovem músico que ele resolveu se reaproximar de Deus. Transformou aquela letra em uma música, que se tornou um hino conhecido em muitos países:

Jesus é melhor, sim, que ouro e bens,
Jesus é melhor do que tudo que tens,
melhor que riquezas e posições,
melhor, muito mais do que milhões.
Pode ser um rei com poder nas mãos,
mas do mal, escravo, sim;
mil vezes prefiro o meu Jesus,
e servi-lo até o fim.
Jesus é melhor que qualquer valor,
amigo leal no prazer e na dor,
melhor do que tudo ele é para mim,
melhor que qualquer bom amigo enfim.
Jesus é mais puro que a linda flor,
Jesus é melhor, ele, sim, satisfaz,
Jesus é melhor, sim, ele é amor,
caminho, luz, verdade e paz.

Não existe maravilha maior do que podermos viver e afirmar que Jesus é melhor que tudo, que o Filho de Deus é o nosso valor maior.

O que fazer?

Vamos voltar à experiência de Salomão. Ao descobrir que nada fazia sentido, que tudo era inútil, encontrou a resposta de que tanto precisava. Ele declarou:

Descobri que não há nada melhor para o homem do que ser feliz e praticar o bem enquanto vive. Descobri também que poder comer, beber e ser recompensado pelo trabalho é um presente de Deus. Sei que tudo que Deus faz permanecerá para sempre; a isso nada se pode acrescentar, e disso nada se pode tirar. Deus assim faz para que os homens o temam.

(Eclesiastes 3:12-14)

Viver com Deus é uma bênção

A pessoa sábia teme a Deus, pois "o temor do Senhor é o princípio do conhecimento, mas os insensatos desprezam a sabedoria e a disciplina. (Provérbios 1:7)

- Qual é o maior desejo de sua vida?
- O que você faria para ver realizado o seu maior desejo?

Sigamos ainda pouco mais. Reflita e, com toda calma, tente se comprometer diante do Senhor:

- Coloco a realização do meu maior desejo nas mãos de Deus, pedindo a ele que me esclareça se isso é, de fato, o melhor para mim.
- Peço a Deus que a concretização do meu desejo só tenha êxito se isso fortalecer a minha fé e a minha comunhão com ele.

Pare e pense

Depois de tanto buscar a realização, o sábio chegou à conclusão de que só em Deus podemos ser felizes. Diante dessa realidade, ele deixou um conselho para os jovens. No entanto, a validade desse conselho não se limita à idade; com dezoito ou oitenta anos vale a pena observar esse preceito:

Alegre-se, jovem, na sua mocidade! Seja feliz o seu coração nos dias da sua juventude! Siga por onde o seu coração mandar, até onde a sua vista alcançar; mas saiba que por todas essas coisas Deus o trará a julgamento. Afaste do seu coração a ansiedade e acabe com o sofrimento do seu corpo, pois a juventude e o vigor são passageiros. Lembre-se do seu Criador nos dias da sua juventude, antes que venham os dias difíceis e se aproximem os anos em que você dirá: "Não tenho satisfação neles." (Eclesiastes 11:9-12:1)

Torne esse texto real em sua vida

Quem vive em comunhão com Deus é alegre, pois não só experimenta momentos de alegria, mas também vive uma vida de completa satisfação.

- 📖 "Alegre-se, jovem, na sua mocidade! Seja feliz o seu coração nos dias da sua juventude!" → Independentemente da minha idade, quero me alegrar completamente com a fase que agora vivo.
- 📖 "Siga por onde o seu coração mandar, até onde a sua vista alcançar..." → Quero seguir o desejo do meu coração e dos meus olhos, mas pedindo a Deus que me afaste do egoísmo, da cobiça e de tudo o que a ele desagrada.
- 📖 "...mas saiba que por todas essas coisas Deus o trará a julgamento." → Desejo conservar em minha mente a lembrança de que haverei de prestar contas a Deus de tudo o que tenho feito e estou a fazer (ver Romanos 14:12).
- 📖 "Afaste do seu coração a ansiedade e acabe com o sofrimento do seu corpo..." → Preciso afastar toda a ansiedade, pois sei que muitas vezes, por estar ansioso, prejudico o meu organismo.
- 📖 "...pois a juventude e o vigor são passageiros." → Preciso aproveitar o vigor que ainda tenho, pois reconheço que a vida passa rapidamente e que as forças vão diminuindo.
- 📖 "Lembre-se do seu Criador nos dias da sua juventude..." → Necessito de Deus o tempo todo, sei que não posso viver sem ele; mesmo não estando mais tão jovem, a vida se renova quando vivo em comunhão com o Senhor.
- 📖 "...antes que venham os dias difíceis..." → Dias difíceis virão, com toda a certeza, mas quero estar em comunhão com Deus, sabendo que ele me dará forças para superá-los.
- 📖 "...e se aproximem os anos em que você dirá: 'Não tenho satisfação neles.'" → Com o passar dos anos, a juventude se vai; porém, sei que, com Deus ao meu lado, serei sempre feliz.

Capítulo 12

Por que estou deprimido?

Por que você está assim tão triste, ó minha alma?
Por que está assim tão perturbada dentro de mim?
Ponha a sua esperança em Deus!
Pois ainda o louvarei;
ele é o meu Salvador e o meu Deus.
— Salmos 42:5

O que nos leva a ter um relacionamento eficaz com Deus? Como podemos ter uma vida devocional que nos ajude a ter um relacionamento eficaz a ponto de nos reerguer quando nos achamos deprimidos? Em que ocasiões buscamos esse relacionamento? E com que propósito? De vez em quando, todos nós ouvimos que aquele que confia em Deus não se deprime. Mas entendemos que passamos por momentos de incerteza e ansiedade, e alguns até têm mais tendência a se deprimir, pelo simples fato de sermos humanos. E é nesses casos que preferimos ficar sozinhos. Talvez os melhores momentos sejam aqueles em que nos sentimos em completa solidão, como se estivéssemos em um deserto. O deserto é algo indescritível. O silêncio é completo, pois nos leva à reflexão. Há quatro anos, estivemos no norte do Chile e tivemos a oportunidade de andar pelo deserto de Atacama, um dos maiores do mundo. Que coisa impressionante! Ali, pudemos compreender perfeitamente o porquê de, quando estamos nos sentindo fracos, não vendo saída para as nossas aflições, deprimidos, relacionamos esse nosso estado de espírito com regiões áridas. Talvez seja por isso que Deus falou a tantos servos seus no meio do deserto.

Ainda hoje Deus nos fala quando estamos no deserto de nossas vidas. O profeta Isaías descreveu essa faceta do Deus bondoso, que nos assiste:

> O pobre e o necessitado buscam água, e não a encontram! Suas línguas estão ressequidas de sede. Mas eu, o Senhor, lhes responderei; eu, o Deus de Israel, não os abandonarei. Abrirei rios nas colunas estéreis, e fontes nos vales. Transformarei o deserto num lago, e o chão ressequido em mananciais. Porei no deserto o cedro, a acácia, a murta e a oliveira. Colocarei juntos no ermo o cipreste, o abeto e o pinheiro, para que o povo veja e saiba e todos vejam e saibam que a mão do Senhor fez isso, que o Santo de Israel o criou. (Isaías 41:17-20)

Mas sabemos que mesmo no meio do deserto há sempre a esperança de encontrar um pouco de água em algum lugar.

É importante refletir sobre isso e entender que, quando nos sentimos no meio do deserto, podemos deixar nossos recursos humanos para trás e aprender a viver na dependência completa de Deus. E para uma vida plena de realizações diante de Deus, é necessária uma vida devocional constante; a vida devocional é um requisito básico para vivermos em comunhão com o Todo-Poderoso.

Nos desertos da vida nos sentimos absolutamente sozinhos, sem ninguém que nos escute. Na mesma viagem ao norte do Chile, visitamos o vale de Azapa, um cenário emocionante e verdadeiramente incrível. Não há água. É difícil imaginar um lugar totalmente deserto, sem água, onde as pessoas não podem dispor em abundância desse líquido, como nós aqui, no país onde vivemos. Na cidade de Arica, há um rio, um rio limpo... mas sem água. Todos esperam com ansiedade o dia em que as comportas da Cordilheira dos Andes são abertas para que o líquido flua. Então, toda a cidade comemora a chegada da água. Nesse contexto, cada gota d'água é aproveitada para a sobrevivência dos moradores. No entanto, naquele vale, pudemos ver uma região que, apesar de seca, floresce. Muitas plantas e flores existem, embelezando o cenário. Que Deus maravilhoso é o nosso! No deserto existe vida, vida que mostra a presença de Deus e a sua bondade revelada não só aos que ali vivem, mas também aos visitantes que, como nós, ali chegamos para contemplar a obra da criação de Deus. É a presença do Senhor em meio ao nada.

Dessa maneira podemos e devemos lembrar que, mesmo no meio do caos da nossa vida, mesmo nos momentos em que nos sentimos deprimidos, nessas horas o Senhor está ao nosso lado. Assim como ele faz o deserto florescer, ele faz a nossa vida mais calma e tranquila. O salmista diz: "Ponha a sua esperança em Deus!" Não há outro jeito de sairmos de dentro do nosso eu atribulado a não ser buscando um encontro real e sincero com o Senhor. Um bom exemplo de que Deus está sempre ao nosso lado é o de José do Egito. Maltratado, vendido como escravo, longe de tudo e de todos, teve a certeza de viver em comunhão com Deus.

Nos desertos da vida, às vezes nos questionamos onde está Deus e se ele parece nos ouvir ou não. Mas a Palavra dele é clara quando diz: "Ele tem cuidado de vocês" (1Pedro 5:7). As crianças às vezes percebem, de forma muito simples, o que nós temos dificuldade para perceber. Talvez por isso dificilmente uma criança entre num estado de depressão da forma como um adulto entra. Elas são simples e enxergam com o coração. Eu dava aula de ensino religioso em uma escola que a nossa igreja mantinha. Situava-se numa favela, e havia muitas crianças matriculadas — era uma quantidade enorme de alunos em cada sala, o que às vezes tornava quase impossível dar a aula como eu planejara; havia crianças de todas as idades juntas, o que dificultava ainda mais o meu trabalho. Muitas vezes voltei para casa com a sensação de que de nada adiantava a minha ida àquela escola. No meu entender, só estava desperdiçando o meu tempo. Certo dia, após a aula, fui à igreja para o culto de oração. Uma senhora que eu não conhecia veio falar comigo. Tinha um motivo especial para ir à igreja naquele dia porque algo verdadeiramente incrível havia acontecido. Ela me disse que criava vários netos, sozinha e sem recursos. Segundo a senhora, naquela semana, houve um dia em que ela estava deprimida, suplicando as misericórdias do Senhor porque não tinha como alimentar nenhum dos netos — só tinha dinheiro para comprar dois pães, e eles eram pelo menos oito crianças. Um dos netos, meu aluno naquela escola, vendo a tristeza da avó, disse:

— Fica assim não, vó. A professora na escola disse que Deus tem cuidado de nós. — Essa senhora me confidenciou que ficou ainda mais triste e, desanimada, pensou: Como ele entendeu isso, coitadinho, quando, na prática, estou precisando de comida e não vejo de que maneira ela vai aparecer?

O dia passou e, no final da tarde, ela deu o dinheiro que tinha ao neto, dizendo-lhe para comprar dois pães, que seriam divididos com todos. Ela aguardou a chegada do neto, pensando em como distribuiria a refeição. Ao ver a criança chegar em casa com um pacote cheio de pães, ficou surpresa e disse:

— Meu filho, eu não lhe disse para comprar dois pães? O dinheiro que lhe dei só dava para dois pães. Como você trouxe tantos? Eu não tenho mais como comprar fiado. Então o menino disse:

— Eu não disse que Deus tem cuidado de nós? Bem que a professora falou.

— Sim, mas o que aconteceu? — perguntou a avó.

O menino respondeu:

—Tinha um homem lá na padaria, ele sempre vai lá para tomar café. Quando ele me viu pedindo dois pães, perguntou por que eu estava levando tão pouco pão. Quando eu disse que não tinha dinheiro, ele pagou a conta e me mandou trazer tudo isso. Viu só? Eu não disse que Deus tem cuidado de nós?

A avó do menino me disse que ficou com vergonha. Ela, uma pessoa adulta, não tinha uma compreensão tão clara. Como pode? A realidade é que muitas vezes a depressão vem pela falta de comunhão com Deus.

O que é fundamental?

Aproximar-me de Deus, sabendo que até posso me deprimir, passar por momentos de ansiedade, mas na certeza de que ele me assiste e se faz presente em qualquer situação.

Quando ouvi a história daquela mulher, fiquei comovida. Primeiro, porque vi, de fato, Deus agindo numa situação de real penúria e miséria. Vi o amor dele por meio de uma criança. Pude compreender que o Senhor nos usa, apesar das nossas imperfeições. Enquanto pensava que meu ensino não valia nada, Deus falava ao coração de uma criança de apenas cinco anos, a ponto de ela entender sobre o cuidado de Deus, não só na sua vida, mas também na vida de qualquer um que resolva nele confiar. E ela viveu essa experiência que, com certeza, a acompanhará pelo resto da vida. É assim que Deus faz.

O que fazer?

Como posso manter uma vida devocional constante quando tenho tão pouco tempo, no corre-corre de hoje? É preciso buscar ao Senhor no nosso viver diário, não importa se por muito ou pouco tempo, mas é importante manter a comunhão sempre. Na nossa vida devocional, devemos ter em mente alguns pontos importantes, a fim de desenvolver um relacionamento eficaz com Deus. Ele está conosco sempre, e não importa que estejamos no deserto ou no vale, não cabe a nós questionar a razão de as coisas nos acontecerem, pois a vida com Deus não nos isenta das aflições. O próprio Jesus afirmou: "Eu lhes disse essas coisas para que em mim vocês tenham paz. Neste mundo vocês terão aflições; contudo, tenham ânimo! Eu venci o mundo" (João 16:33). Precisamos lembrar também que, quando mantemos uma vida devocional constante, temos a certeza de que Deus nos garante o seu amor e a sua aceitação. Não importa quem sejamos ou como estamos, ele nos aceita. Se estivermos em comunhão completa com o Senhor, ainda que venham maldades contra nós, ele nos sustentará e nos estenderá a mão e nos garantirá a vitória. Numa vida devocional constante, encontraremos em Deus as forças para prosseguir. Ainda que o deserto pareça interminável, em algum momento a terra vai florescer, a água vai surgir, as árvores vão aparecer e a paisagem mudará completamente. Então, vamos lá.

- Não se contente apenas com as orações na hora das refeições ou ao se deitar. É importante agradecer a Deus o alimento e as bênçãos recebidas, mas não faça disso um hábito automático.
- Separe um tempo, cinco minutos que seja, para a leitura da Bíblia. Peça a Deus que lhe fale enquanto você lê o livro sagrado. Por que continuar deprimido e ansioso quando podemos depositar nossas tristezas e ansiedades nas mãos do Senhor?

Por que andarmos ansiosos quando podemos viver em comunhão com irmãos e amigos, participar de uma igreja, ler a Bíblia e ter uma vida devocional constante? Tente desenvolver o hábito de buscar Deus ao amanhecer e ao anoitecer. Não precisa parar para isso. Deus está ao nosso lado sempre.

- Ao orar, quero colocar diante de Deus tudo o que me deprime ou me entristece. Não tenho palavras bonitas, mas falarei como se ele estivesse na sua cadeira ao meu lado ou à minha frente.

Viver com Deus é uma bênção

- Pedirei a Deus que a leitura da Palavra dele me fale de modo claro e inconfundível. Escolherei uma passagem bíblica e irei lendo-a todos os dias.

É preciso buscar ao Senhor no nosso viver diário, não importa se por muito ou pouco tempo, é importante manter a comunhão sempre e esperar que Deus nos fale. Uma vida devocional autêntica nos aproximará de Deus e nos ajudará a mantermos um relacionamento eficaz com ele. Não há um manual de devoção, não há um padrão a ser seguido, mas cada um, ao aproximar-se do Senhor, usufruirá de suas bênçãos e terá melhores condições de manter um relacionamento profundo e eficaz com o Todo-Poderoso, sabendo que ele cuida realmente de nós.

Pare e pense

"Entregue suas preocupações ao Senhor, e ele o susterá; jamais permitirá que o justo venha a cair" (Salmos 55:22).

Torne esse texto real em sua vida

O fardo das preocupações, que tantas vezes nos impede de seguirmos sem tropeço, deve ser entregue ao Senhor, que cuida de nós.

- 📖 "Entregue suas preocupações ao Senhor..." → Necessito me livrar de tudo o que me preocupa e me aflige. Vou transferir a minha inquietude e os meus medos para aquele que tem poder para me dar paz e coragem.
- 📖 "...e ele o susterá..." → Buscarei abrigo e sustento nele, que é o único com capacidade de prover todo o meu sustento.
- 📖 "...jamais permitirá que o justo venha a cair." → Vou a ele pela fé, pois sei que está sempre pronto para estender a mão e me dar proteção.

Capítulo 13

Vacina contra o medo

Não tema, pois estou com você; não tenha medo, pois sou o seu Deus.
Eu o fortalecerei e o ajudarei; eu o segurarei com a minha
mão direita vitoriosa.
— *Isaías 41:10*

Você tem conhecimento de alguma vacina contra o medo? Vacinas são necessárias. A ciência tem avançado muito nesse sentido, invenções vão sendo criadas e descobertas vão acontecendo, fato que tem ajudado as pessoas, prevenindo doenças de todo tipo. Nos últimos tempos, muita divulgação tem sido feita, a fim de se prevenir a gripe, por exemplo. Então, encontramos pessoas, principalmente idosas, dizendo: "Preciso ser vacinado contra a gripe." Os pais de crianças pequenas têm sempre o cuidado de observar o calendário de vacinação de seus filhos, evitando assim transtornos futuros. As vacinas visam à prevenção de doenças como sarampo, caxumba, rubéola, febre amarela, tétano, difteria, coqueluche, hepatites A e B, tuberculose, raiva, cólera e outras.

Mas a prevenção na saúde não é feita apenas para os seres humanos, ela também existe na área tecnológica. Quantas vezes temos problemas com nossos computadores? Algumas vezes, nas horas em que mais necessitamos deles, acontece alguma coisa que nos impede de continuar o trabalho. Quanta frustração! Muitas vezes, o técnico avisa: "É vírus." Também há casos em que recebemos mensagens que parecem ter conteúdo sério, mas quando as abrimos percebemos que não são nada mais do que vírus. Ao detectarmos o vírus, aplicamos uma "vacina", a fim de evitar males futuros.

Entretanto, ainda não foi inventada uma vacina que previna ou cure o medo, que assola tanta gente. Crianças têm alguns medos típicos e comuns: medo de ficarem sozinhas sem os pais, medo de pessoas desconhecidas, medo de escuro... e por aí vai. O adolescente tem medo das mudanças que lhe ocorrem no corpo, medo de que esse período demore a passar e nunca volte à normalidade. Adultos têm medo de mudanças, medo de situações diversas, medo de enfrentar dores e perdas. Idosos têm medo da solidão, das doenças, do desconhecido, do desprezo de familiares. Vimos, então, que em qualquer período da vida somos propensos a ter medo. Seria tão bom se existisse uma vacina que nos prevenisse dele, sem deixar sequelas e sem nos trazer complicações, não é mesmo? Você, como nós, tem seus medos; não sei quais são, mas com certeza os tem.

Lembro-me de quando ainda era adolescente e tive uma crise detectada como apendicite aguda. Precisava de uma cirurgia com urgência. De família muito numerosa e sem recursos e ainda morando numa pequena cidade do interior, precisei viajar para a capital, a fim de fazer o tratamento médico. Os dias que antecederam a minha ida àquela cidade foram de muita ansiedade e medo, pois teria de viajar sozinha. Mas fui, mesmo enfrentando o desconhecido. Ao chegar na casa de familiares que residiam na capital e que me ajudaram, fui encaminhada para o hospital, e a cirurgia foi feita. Não sei como tive coragem para essa ação, mas o fato é que, quando me vi diante do médico naquele centro cirúrgico, tive muito medo. Longe de casa, sem amigos por perto... e se me acontecesse o pior? Um mundo de inquietações e medos me passou pela mente. Felizmente, deu tudo certo, e depois de alguns dias voltei para casa, completamente curada. O medo havia passado. Se você já passou por algo semelhante, pode entender exatamente o que eu senti. Orei muito, pedi ao Senhor que me tirasse o medo. Nesse momento, é confortante pensar no que Deus diz por meio do profeta Isaías: "Não tema, pois estou com você; não tenha medo, pois sou o seu Deus. Eu o fortalecerei e o ajudarei; eu o segurarei com a minha mão direita vitoriosa" (Isaías 41:10).

Esse versículo é uma boa vacina contra o medo. Por meio de Isaías, Deus recomendou aos israelitas não temerem, e lhes prometeu a sua presença. O Deus de ontem é o de hoje. Suas promessas são imutáveis. O que ele prometeu ao seu povo no passado promete também a nós no presente. Portanto, devemos viver sem medo, certos de que ele está sempre conosco. E esta é uma excelente vacina contra o temor: "Não tenha medo porque eu estou com você." Você precisa de conforto maior do que esse?

É bem verdade que temores são parte na natureza humana. Se uma pessoa afirma nunca haver sentido nenhum tipo de medo, certamente é bem diferente dos outros, uma exceção. Mas é muito importante saber que o medo desaparece diante da certeza de que o Senhor Deus está conosco em todos os momentos.

A recomendação de não temer, por causa da promessa da presença do Senhor, tem sido feita a várias pessoas e em inúmeras ocasiões na Bíblia. Para Isaque Deus disse: "Eu sou o Deus de teu pai Abraão; não tema, porque estou com você" (Gênesis 26:24). Para Moisés o Senhor avisou simplesmente: "Não tenha medo" (Números 21:34). Falou também para Josué: "Não se apavore, nem desanime, pois o Senhor, o seu Deus, estará com você por onde você andar" (Josué 1:9).

É conhecida a história dos discípulos que estavam em um barco quando o mar começou a ficar bravo. Jesus apareceu diante deles e disse: "Não tenha medo." Foi a presença de Jesus que deu ânimo àqueles homens aflitos. O temor continua presente hoje na vida das pessoas. Tenho sentido medo muitas vezes, em várias situações, mas, quando sinto que ele está querendo me atormentar, logo me vem à mente a promessa do Senhor: *Não tenha medo porque eu estou com você.* Lembro-me de que o próprio Jesus disse: "Não se perturbe o seu coração, nem tenham medo" (João 14:27). Essas palavras me trazem alívio.

Tive muitos alunos durante vários anos de magistério. Eles tinham todas as idades. No Ensino Fundamental, um deles se destacava porque abertamente dizia que era medroso. Em várias situações, ele, que estava no início da adolescência, confessava:

— Professora, eu sou uma pessoa muito medrosa. Tenho medo de tudo. Até para atravessar uma rua estreita e sem movimento morro de medo.

Certo dia, tomei como base da minha aula o texto de Salmos 23, enfatizando o versículo 4, que dizia: "Mesmo quando eu andar por um vale de trevas e morte, não temerei perigo algum, pois tu estás comigo; a tua vara e o teu cajado me protegem." Falei dos medos que nos assolam no dia a dia e de como o Senhor nos vê e nos ajuda. Aquele rapazinho, que geralmente era bem apático nas aulas, demonstrou um interesse especial.

O tempo passou, e eu andei por muitas outras salas. O menino cresceu, continuou seus estudos. Anos depois, ocasionalmente encontrei o jovem. Ele, universitário, estava fazendo uma pesquisa sobre um determinado assunto e, para isso, estava entrevistando pessoas. Dirigiu-se a mim e perguntou-me se poderia me entrevistar. Disse-lhe que sim, e ele então começou a fazer as perguntas. Pensei: "Conheço esse rapaz." E ele: "Conheço essa senhora." Imediatamente nos reconhecemos. Ele, então, lembrando-se das aulas (eu até já havia me esquecido desse fato) disse:

— A senhora se lembra de como eu era medroso? Pois bem, depois daquela sua aula — especificou, inclusive citando o versículo —, aprendi a não ter mais medo por qualquer coisa. Acho que hoje eu não tenho mais medo nem da morte.

Confesso que foi uma grande surpresa para mim, mas hoje eu tenho certeza de que Deus realmente falou ao coração daquele menino e o marcou para sempre.

A vacina contra o medo é saber que ele desaparece diante da convicção de que o Senhor é nosso Deus. Diante dessa certeza, não há razão para vivermos assombrados, porque Deus não só está conosco, como também ele é o nosso Deus. Vamos relembrar o texto: " Não tema, pois estou com você; não tenha medo, pois sou o seu Deus. Eu o fortalecerei e o ajudarei; eu o segurarei com a minha mão direita vitoriosa" (Isaías, 41:10). Nessa afirmação, há pelo menos três promessas: a primeira é a de que somos fortalecidos porque o Senhor é nosso Deus ("Eu o fortalecerei"). Realmente há momentos na vida em que nos sentimos com medo e sem forças para lutar contra ele. Você se sente assim de vez em quando? Em Filipenses lemos: "Tudo posso naquele que me fortalece" (Filipenses 4:13). A segunda promessa é a de que somos ajudados porque o Senhor é nosso Deus ("eu o ajudarei"). Nada melhor do que a ajuda certa na hora certa.

Há um cântico que diz: "Só de ouvir tua voz, de sentir teu amor, só de pronunciar o teu nome, os meus medos se vão, minha dor, meu sofrer, pois de paz tu inundas meu ser. Jesus, que doce nome, que transforma em alegria o meu triste coração." Que maravilhosa verdade! A terceira promessa é a de que somos sustentados porque o Senhor é nosso Deus ("eu o segurarei"). Será que estamos buscando sempre o Senhor e contando com a ajuda dele? "O meu socorro vem do SENHOR" (Salmos 121:2). Só ele pode nos socorrer e, portanto, retirar de nós qualquer tipo de temor. Quando a escuridão vier, podemos pedir a Deus que nos faça ter fé suficiente até que a luz do seu amor venha até nós, tirando as trevas ao redor.

O que é fundamental?

Excluir o medo de minha vida protegendo-me em Deus, que garante sua presença comigo o tempo todo e que me anima a viver sem susto, pois ele me abriga aonde quer que eu vá.

Por intermédio do profeta Isaías Deus recomendou aos israelitas não temerem, prometendo-lhes sua presença. Pela história essa promessa tem sido cumprida na vida de todos que confiaram na Palavra de Deus. E hoje a mensagem é a mesma: "Não tenha medo porque eu estou com você." Eu preciso aprender a realmente excluir o medo da minha vida, e você também. Sabendo que ele me protege aonde quer que eu vá, devo viver sem temer, certo da sua constante presença, não importa nem como nem onde eu estiver. Só no Senhor é que encontro uma vacina perfeita contra o temor, e graças a ele, pela sua promessa, me livro do medo e me animo a viver sem susto.

O que fazer?

Como posso viver tranquilo e sem medo num mundo de violência? Tudo ao meu redor me impulsiona para ter medo: assaltos, motoristas irresponsáveis que dirigem de qualquer jeito, pessoas desleais, colegas de trabalho indiferentes, problemas familiares, cada um vivendo por si. São muitas e variadas as situações de medo no nosso dia a dia. Mas posso me vacinar contra ele ao crer nas promessas de Deus para mim. Devo me colocar nas mãos do Senhor, pedindo-lhe que retire de mim o temor, a angústia, a ansiedade. O que posso fazer?

- Continue lendo uma porção bíblica diariamente. Cultive o hábito de pedir a Deus que fale de modo claro sobre o significado da passagem que ler.
- Destaque os textos bíblicos que mais chamem a sua atenção e que lhe falem de modo especial. Escreva-os com letra grande e chamativa, espalhe-os por vários lugares de sua casa, principalmente por onde você sempre passa — esses versículos podem ajudá-lo a vencer o medo.

Sinceramente diante de Deus, pergunte-se: de que modo estou buscando e contando com a ajuda do Senhor em minha vida? Se você mora com alguém, que tal compartilhar esse texto e seu significado? Talvez você possa tentar decorar junto com os filhos e outros familiares.

- Quero crescer no cultivo do hábito de ler a Bíblia e orar todos os dias.

- Vou destacar as passagens bíblicas que mais falaram ao meu coração e as colocar diante dos meus olhos.

Que tal começar hoje? Ao sair de casa, para caminhar, trabalhar ou estudar, peça a Deus que o ajude a se sentir seguro e sem medo.

Pare e pense

"Eu sou o SENHOR, o seu Deus, que o segura pela mão direita e lhe diz: não tema; eu o ajudarei" (Isaías 41:13).

Torne esse texto real em sua vida

Quando temos a convicção de que o nosso Deus Eterno está presente e pronto a nos ajudar, não há nenhuma razão para temer.

- "Eu sou o SENHOR, o seu Deus..." → Não há dúvida de que Deus é o mesmo ontem e hoje. Seu amor por mim é o mesmo também.
- "...que o segura pela mão direita..." → Ele faz comigo como faço com meus filhos ou com alguma criança que está sob meus cuidados: segura a minha mão. Isso significa segurança, confiança. Deus vem ao meu encontro e segura a minha mão, transmitindo-me a certeza de que está comigo.
- "...e lhe diz: não tema; eu o ajudarei." → Sou ajudado à medida que me disponho a deixar que o Senhor esteja comigo, conduzindo-me a uma vida segura e livre de medo.

Capítulo 14

Vendo o invisível

Ora, a fé é a certeza daquilo que esperamos e
a prova das coisas que não vemos.
— Hebreus 11:1

Ver o invisível é algo difícil; é na verdade humanamente impossível. Podemos até imaginar situações que nos são familiares; somos capazes de, mesmo não estando mais diante de determinados fatos do nosso passado, "vê-los", como se fossem um filme exibido na nossa mente. Assim, então, podemos enxergar o que parece ser invisível. Como gostaríamos de ver algumas coisas que nos são completamente ocultas! Acho que você, assim como nós, já viveu situações em que queria ser capaz de ver o que parece ser invisível. Seria tão bom se pudéssemos antever o que nos aconteceria e, dessa maneira, resolver determinada situação da forma como imaginamos. Ainda bem que as coisas não acontecem como gostaríamos que acontecessem; porque, quando buscamos a Deus, ele não nos vê como nós nos vemos; pela bondade dele, nos dá sempre o melhor. Ainda que as respostas não venham como esperamos, no momento certo vamos perceber que ele tem o melhor para nós.

O que nos deixa mais ansiosos é quando estamos tristes e aflitos por alguma razão, quando não conseguimos ver nenhuma luz no fim do túnel da nossa vida, quando gritamos por socorro e nada parece acontecer. É nesses momentos que gostaríamos de ver o invisível.

É nesse ponto que precisamos entender que só pela fé podemos ver o que parece ser invisível aos nossos olhos; só pela fé podemos entender que Deus vem até nós e transforma o que parece ser um vazio imenso em um terreno sólido, onde podemos pisar seguramente. Por essa razão não podemos desanimar diante das circunstâncias, e precisamos buscar sempre a comunhão com o Pai, a fim de entendermos o que ele tem para nós.

Em muitos momentos da nossa vida nos sentimos como se estivéssemos sozinhos, sem direção, sem um norte para nos guiar, mas quando buscamos estar em comunhão com Deus, ele nos dá a força e a certeza da sua presença. É assim que nos fala a Palavra de Deus: "Quanto mais fraco me apresento, mais forte me torno" (2Coríntios 12:10 MSG). As palavras do apóstolo Paulo nos remetem para outra conhecida afirmação dele: "Tudo posso naquele que me fortalece" (Filipenses 4:13). Quando o desânimo, o cansaço e o pessimismo quiserem nos fazer companhia, devemos nos lembrar de tudo o que o Senhor tem feito por nós e ter sempre a certeza de que ele nos vê da forma como somos, ele vê o nosso interior, sabe tudo o que nos preocupa, percebe todas as nossas fraquezas e está junto a nós sempre que precisamos.

"Os olhos do Senhor estão atentos sobre toda a terra para fortalecer aqueles que lhe dedicam totalmente o coração" (2Crônicas 16:9). Então, se o Pai está ao nosso lado, vigiando-nos para nos fortalecer, só nos resta entregar ao Senhor, de todo o coração, tudo o que nos perturba.

Certa ocasião, eu estava terrivelmente triste, angustiada comigo mesma, pois via chegar o dia de cumprir alguns compromissos financeiros e passava por um momento em que não enxergava nenhuma solução. Como eu queria ter uma solução imediata! Como eu queria obter as respostas à minha ansiedade! Não havia o que fazer. Compartilhamos juntos a nossa ansiedade e as nossas expectativas em relação à solução que, aos nossos olhos, não existe. Chorei e chorei, clamei ao Senhor e disse-lhe tudo o que sentia. Diante dele, me coloquei em busca de uma solução que parecia ser totalmente invisível — para mim, não havia saída.

Estava, nessa época, lendo a Bíblia na versão Nova Tradução na Linguagem de Hoje. Li vários textos, buscando entender o que Deus queria me falar. Pedi-lhe que me desse uma resposta ou pelo menos uma esperança, porque eu mesma já não tinha nenhuma. Lia o livro do profeta Isaías, e já estava chegando ao seu final, mas continuava pedindo a Deus que me falasse pela sua Palavra. Então me deparei com um versículo que me deu muita alegria e esperança, dizia o seguinte: "Desde que vocês nasceram, eu os tenho carregado; sempre cuidei de vocês. E, quando ficarem velhos, eu serei o mesmo Deus; cuidarei de vocês quando tiverem cabelos brancos. Eu os carregarei; eu os ajudarei e salvarei" (Isaías 46:3,4 NTHL). Essas palavras me soaram como um bálsamo. Não somos mais jovens, nossos cabelos começaram a embranquecer — tudo a ver conosco. Era Deus se fazendo presente! Pensei, "realmente, essas palavras me tocaram. Deus está conosco". Continuei a leitura, bem mais confiante, porém, mesmo assim, teimosa que sou, continuava a dizer para Deus: "Obrigada, Senhor, eu sei que cuida de nós, mas não estou vendo nenhum caminho por onde seguir para resolver esse nosso problema." Ao continuar, me deparei com os versículos 12 e 13 do mesmo capítulo: "Gente teimosa, escute aqui! Vocês pensam que a sua salvação vai demorar. Mas eu vou fazer chegar logo a salvação que prometi; ela não vai demorar e em breve eu conseguirei a vitória." Que Deus maravilhoso! Compartilhamos por vários dias essa palavra, e a solução veio e tem vindo todos os dias. Esse é o Deus dos impossíveis, que vê onde não vemos, que nos permite passar por situações inesperadas e indesejáveis, embora nos mostre sempre o caminho, nos aponte as soluções, ainda que algumas vezes não sejam aquelas que queremos ou nas quais pensamos.

Você já viveu uma situação semelhante? Já passou ou está passando por situações em que não vê nenhuma luz no final do túnel? Já se colocou diante de Deus e falou abertamente sobre isso?

O que é fundamental?

Manter continuamente a comunhão com Deus, pois ele vê o invisível, conhece o meu coração, sente o meu sofrer, enxuga as minhas lágrimas e torna possível o impossível.

O que fazer?

Uma vez que nosso interesse é realmente viver em comunhão com Deus, devemos buscá-lo em todas as ações do nosso dia a dia.

- Comece o seu dia falando com Deus. Não precisa fazer um discurso formal; numa frase apenas diga a ele o que lhe aflige.
- Peça ao Pai que mostre pessoas e situações que o façam ver a mão dele guiando você.

Na segunda etapa, vamos transformar desafios em compromissos:

- Quero que o Senhor seja o meu protetor, o meu companheiro, desde o amanhecer até o final do dia.
- Orarei buscando a orientação do Senhor, pedindo-lhe que coloque diante de mim pessoas que podem me ajudar, com base no ensinamento bíblico.

Mesmo sem enxergar nenhuma saída para os nossos problemas, por mais que tudo pareça invisível aos nossos olhos, ainda assim precisamos entender e refletir na seguinte verdade: mesmo quando tudo parece escuro e não conseguimos enxergar nenhuma luz, Deus é Deus. Ele vê o invisível, o que nos parece sem solução.

Apresente-se ao Todo-Poderoso em oração e com sinceridade diga o quanto você gostaria de ouvir a voz dele clara e objetivamente (fale isso quantas vezes achar necessário). Observe o que acontece ao seu redor em cada momento do dia, perceba o que Deus pode fazer por você. Se a resposta não se apresenta como você a imagina, coloque-se diante de Deus e pergunte o que ele quer que você faça, pedindo ajuda para compreender cada situação vivida. Lembre-se de que só Deus, que vê o invisível, nos conhece completamente.

Pare e pense

"Sonda-me, ó Deus, e conhece o meu coração; prova-me, e conhece as minhas inquietações. Vê se em minha conduta algo te ofende, e dirige-me pelo caminho eterno" (Salmos 139:23,24).

Procure compreender e memorizar o texto

Eis uma oração feita por Davi, rei de Israel, diante da certeza de adorar um Deus presente e com poder ilimitado, contrastando com sua finitude e fragilidade.

- 📖 "Sonda-me, ó Deus, e conhece o meu coração..." → Preciso que o Senhor pesquise tudo sobre a minha vida e, ao conhecer o meu coração, veja tudo o que me diz respeito.
- 📖 "...prova-me, e conhece as minhas inquietações." → Quero que Deus me coloque à prova e me avalie, pois não posso e não quero esconder dele aquilo que realmente eu sou.
- 📖 "Vê se em minha conduta algo te ofende..." → Desejo que a minha conduta esteja sempre diante dele e quero saber se faço qualquer coisa que não agrada a ele.
- 📖 "...e dirige-me pelo caminho eterno." → Desejo que ele oriente o meu viver, ajudando-me a seguir o caminho que me conduz à vida eterna.

Capítulo 15

Em meio aos escombros

Ele me perguntou: "Filho do homem, esses ossos poderão tornar a viver?"
Eu respondi: "Ó Soberano SENHOR, só tu o sabes."
— Ezequiel 37:3

O cenário é o mais improdutivo, triste e desprovido de qualquer esperança. Imagine se você estivesse em um cemitério e alguém lhe perguntasse se os mortos ali sepultados poderiam voltar a viver? A resposta mais lógica seria: NÃO. Pois bem, a situação do profeta Ezequiel era ainda mais complicada. Ele estava no meio de um vale cheio de ossos secos. Depois de andar por esse vale e ver nada mais do que um amontoado de ossos, completamente secos e sem vida, Deus lhe perguntou se haveria esperança para aqueles ossos: "Esses ossos poderão reviver?"

Cada vez que leio essa história, penso na situação do profeta, coloco-me em seu lugar e pergunto-me de que maneira teria respondido. Seria possível a vida acontecer em meio a tal escombro? E você, como teria respondido? Sei que todos nós temos aqui e acolá vivido situações de muita dificuldade. Todas as vezes que, em meio a grandes aflições, não nos desesperamos, orando ainda mais ao nosso Deus, pedindo que a vontade dele seja feita, afirmando que confiamos na ação do Senhor, rogando que ele venha em nosso auxílio, estamos, de certa forma, dizendo que cremos no ilimitado poder do Eterno Pai de fazer até ossos secos voltarem à vida.

A resposta de Ezequiel foi a expressão de sua fé. Ele disse firmemente: "Ó Soberano Senhor, só tu o sabes." Ao falar assim, ele admitia o poder ilimitado de Deus, o Senhor Criador do céu e da terra, que faz os impossíveis se tornarem possíveis. Em outras palavras, ele dizia que não cabia a ele responder, só o próprio Deus, Todo-Poderoso, era capaz de determinar. Se estivesse nos planos dele, aconteceria.

Uma senhora muita querida residia com o marido em uma cidade bem distante de todos os seus familiares, dos quais eu era pastor. Um dia, soube que ela estava com uma enfermidade incurável e, como o seu estado de saúde se agravava cada vez mais, ela e o esposo resolveram se mudar, voltando a residir próximo aos parentes. O pensamento era o de que ela havia se mudado para essa cidade para morrer. Logo que chegou, fomos visitá-la na casa de uma de suas irmãs. Estava magra e abatida, e a voz era tão fraca que precisávamos ficar muito atentos para compreender o que ela dizia. Sentia dores, mas a expressão de seu rosto era de muita paz. Naquele dia, pedi a Deus que estivesse com ela e que a comunhão dela com ele fosse fortalecida. Muita gente orou por ela; muitas igrejas Brasil afora elevaram suas súplicas.

Confesso que, apesar de orarmos com fé, muitos de nós achávamos que era questão de poucos dias até que a mulher falecesse. Ela mesma, conhecendo a gravidade da situação, partiria realizada, se aquela fosse a vontade de Deus. Para o espanto de todos, entretanto, o inesperado aconteceu. Ela melhorou tanto que passou não só a residir em sua própria casa, mas também a administrá-la. O médico que a assistia, apesar de cristão, ficou boquiaberto. Um dia ele foi à nossa igreja e falou sobre sua paciente. Não havia explicação científica para a sobrevida e a melhora dela. A enfermidade continuava, o tratamento também, mas ela seguia firme, sem desanimar. Somente uns vinte anos depois ela veio a falecer. O que poderia explicar um caso como esse?

A vida, algumas vezes, nos coloca diante de escombros, destroços, entulhos e ruínas; verdadeiros "becos sem saída" que tiram a alegria e derrubam os planos, deprimem, mas que não devem prejudicar nossa comunhão com Deus. Cada problema que surge deve ser um desafio para fortalecermos nossa fé e buscarmos estar ainda mais perto do Pai Eterno. É possível que você tenha em mente alguns casos de amigos e familiares que enfrentaram enfermidades e logo morreram. Então perguntamos, por quê?

Um dos meus melhores amigos apareceu com um sério problema de saúde. Ele era um jovem de pouco mais de trinta anos. O diagnóstico revelou uma enfermidade incurável. Todos os esforços foram feitos para que o tratamento acontecesse com os melhores recursos possíveis à época. Algumas vezes ele pareceu melhorar, mas logo as dores e os demais incômodos surgiam com maior gravidade. Muitas igrejas se uniram em oração, pedindo a Deus pela saúde do meu jovem amigo. A resposta que recebemos, no entanto, não foi a que esperávamos, pois ele faleceu. Diante desse fato, perguntei ao Senhor por quê. A resposta veio claramente: a vontade de Deus é sempre o melhor. A Palavra dele afirma:

> "Os meus pensamentos não são os pensamentos de vocês, nem os seus caminhos são os meus caminhos", declara o Senhor. "Assim como os céus são mais altos do que a terra, também os meus caminhos são mais altos do que os seus caminhos, e os meus pensamentos mais altos do que os seus pensamentos."
>
> (Isaías 55:8,9)

O que é fundamental?

Seguir firme em comunhão com Deus, buscando fortalecer a fé em meio às dificuldades, ainda que não haja respostas nem soluções, pois sei que ele responde e faz milagres.

Às vezes, as coisas não ocorrem da maneira como gostaríamos que ocorressem, e nesses casos geralmente dizemos que Deus não ouviu as nossas orações. Foi o que aconteceu com alguém muito próximo, uma serva dedicada, uma esposa fiel. O marido, antes tão cheio de saúde, adoeceu de repente, e em poucas semanas ela estava sem ele. Na dor da viuvez, depois de se desfazer em lágrimas durante alguns dias, ela derramou a sua alma diante do Senhor e orou, colocando sua fragilidade e sua carência na mão do Pai, pedindo-lhe que tomasse conta de sua vida. Em sua comunhão com Deus ela disse que já havia chorado muito e que não queria chorar mais, pois sabia que o propósito do Senhor era que ela vivesse alegremente, não mergulhada em lágrimas. Ela se apresentou ao Senhor como criança frágil e indefesa, que precisava ser tomada nos braços. Desde então, disse-me ela, tem sentido como se realmente o Pai Celestial a estivesse carregando nos braços. Nada no mundo tem mais valor do que a certeza da proteção de Deus!

O que fazer?

- Liste todos os problemas e dificuldades que tiram o seu sossego e que você gostaria de ver resolvidos.
- Enumere-os de acordo com o desejo de receber as respostas de Deus.

O obstáculo, às vezes, é que pedimos ao Senhor sem ter fé suficiente para, na convicção de que nada é impossível para ele, aguardarmos sua resposta. Por isso, não deixe que o tumulto do momento roube a sua paz, ore agora e peça para ele que fortaleça a fé que você tem nele. Agora, vamos seguir no nosso exercício:

- Descubra pessoas que (tanto quanto você) atravessam crises e precisam encontrar soluções em Deus.

Viver com Deus é uma bênção

- Procure essas pessoas, ore por elas e com elas, ajude-as a esperar o tempo do Senhor, para serem atendidas.

Pare e pense

"Humilhem-se debaixo da poderosa mão de Deus, para que ele os exalte no tempo devido. Lancem sobre ele toda a sua necessidade, porque ele tem cuidado de vocês" (1Pedro 5:6,7).

Torne esse texto real em sua vida

- 📖 "Humilhem-se debaixo da poderosa mão de Deus..." → Preciso ser humilde diante da grandeza de Deus, pois ele é o Criador e eu sou simples criatura. Debaixo de sua poderosa mão, encontro abrigo seguro quando me conservo humilde.

- 📖 "...para que ele os exalte no tempo devido." → Devo ter em mente que o Eterno age no tempo oportuno, que não é estabelecido pela minha pressa, mas pelas determinações do Senhor.

- 📖 "Lancem sobre ele toda a sua necessidade..." → Quero me desfazer de tudo que tem causado angústia ao meu coração, quero colocar tudo de que preciso aos pés dele, pois só ele pode suprir as minhas necessidades.

- 📖 "...porque ele tem cuidado de vocês." → Firmo o propósito de assim fazer porque sei que ele cuida de mim constantemente. Ao saber que ele cuida de mim, posso seguir confiante.

Capítulo 16

Ele está comigo

Como o Pai me amou, assim eu os amei; permaneçam no meu amor [...]
Ninguém tem maior amor do que aquele que dá a sua vida pelos seus amigos.
— *João 15:9-13*
Eu estarei sempre com vocês, até o fim dos tempos.
— *Mateus 28:20*

Você já viveu momentos de solidão? Viu como é triste viver sozinho? Deus fez as pessoas com capacidade para viverem sós. Entretanto, ele mesmo viu que o isolamento não é bom, ou seja, Deus não fez as pessoas para viverem em solidão. É por isso que estamos aqui, propondo que você e eu tenhamos em mente o propósito de começar hoje a viver em comunhão com Deus. O valor da comunhão está no fato de ter sido ela estabelecida pelo próprio Criador, pois ao ver o isolamento do homem (ver Gênesis 2:18), nosso Pai Celestial providenciou uma solução para a solidão, unindo o homem à sua mulher, estabelecendo assim o lar como um lugar de comunhão.

Mas o mundo é bem mais amplo do que as quatro paredes de uma casa. Há amigos, companheiros de trabalho, vizinhos, colegas de classe, companheiros de estudo; além de convivermos com pessoas que nem conhecemos. Para vencer a solidão, é preciso dispensar algum tempo para compartilhar a vida com o outro, vencendo todas as barreiras que nos impeçam de repartir o cotidiano com nossos semelhantes. E é somente em Deus que encontramos a verdadeira luz, que nos possibilita vivermos em comunhão. "Se, porém, andamos na luz, como ele na luz está, temos comunhão uns com os outros" (1João 1:7).

Mas o fato é que, mesmo tendo capacidade de vivermos sozinhos, não gostamos da solidão; é bom ter a companhia de alguém. No entanto, é verdade que, em alguns momentos, o isolamento é necessário, e há ocasiões em que não queremos ver ninguém, nem mesmo conversar com ninguém — é a solidão necessária. Mas, ao vencermos esses períodos, sentimos a necessidade do compartilhamento, da companhia, da presença do outro. Você já se sentiu só? Já houve momentos na sua vida em que se sentiu em completa solidão?

Crianças não gostam de ficar sozinhas. Quando nos encontramos com os nossos netos, ainda pequenos, eles sempre fazem questão da nossa presença em suas brincadeiras, nem que seja somente para ficarmos juntos. Muitas vezes, quando nos chamam para algum jogo e tentamos explicar que não entendemos como funciona, eles mesmos dizem: "Tem nada não, só fica aqui comigo." É o desejo da companhia.

Em todas as épocas as pessoas têm demonstrado que estar só não é a melhor opção. Nossos filhos, quando pequenos, sempre insistiam pela nossa presença. Às vezes, no meio da noite, se eles acordassem por alguma razão, logo chegavam ao nosso quarto e se jogavam na nossa cama, querendo companhia. Ou então diziam: "Fique comigo." Mesmo nós, adultos, nas horas de aflição, pedimos socorro ao Senhor: "Fique comigo, Senhor."

Quando vivemos em comunhão com Deus, podemos sentir de perto a sua presença. Não precisamos exigir nada de Deus, mesmo porque ele é o dono de tudo e nós somos apenas servos — e ao servo compete apenas obedecer ao seu senhor. Entretanto, na constante comunhão com o Todo-Poderoso podemos ouvi-lo dizer: "Não tema, pois eu o resgatei; eu o chamei pelo nome; você é meu. Quando você atravessar as águas, eu estarei com você; e, quando você atravessar os rios, eles não o encobrirão. Quando você andar através do fogo, você

Viver com Deus é uma bênção

não se queimará; as chamas não o deixarão em brasas" (Isaías 43:1,2). Você precisa de conforto maior do que esse? Saber que Deus está conosco é muito bom!

É verdade que, quando atravessamos problemas muitas vezes insolúveis, achamos que estamos realmente sós, mas eis que a Palavra de Deus nos conforta: "Como pastor ele cuida de seu rebanho, com o braço ajunta os cordeiros e os carrega no colo; conduz com cuidado as ovelhas que amamentam suas crias" (Isaías 40:11). Veja só que figura linda, a de um pastor de ovelhas carregando no colo os carneirinhos, os bebês que ainda estão sendo amamentados — é uma imagem que demonstra grande ternura, é assim que Deus faz conosco. Se o buscarmos de todo o nosso coração, ele virá ao nosso encontro, nos tomará em seus braços e ficará conosco. Há um antigo hino que diz: "Veloz o dia declina, a noite já se aproxima... Fica conosco, Senhor."

Mais do que estar conosco, o amor de Deus por nós é incomparável. É ele quem toma a iniciativa e vem ao nosso encontro. Você sabe que Cristo deixou a sua glória para vir até nós. É ele quem nos escolhe, ele diz: *Eu os tenho chamado amigos"* (João 15:15). Nosso Senhor não só vem ao nosso encontro, mas também nos ama profundamente, pois nos deu a maior prova de amor jamais vista. Essa demonstração foi a sua morte na cruz: "Ninguém tem maior amor do que aquele que dá a sua vida pelos seus amigos" (João 15:13).

Muitas vezes, quando nos sentimos tristes, cansados ou feridos, quando nos sentimos até rejeitados por todos, ficamos apavorados. O salmista também passou por momentos assim, pois ele diz: "Por que você está assim tão triste, ó minha alma? Por que está assim tão perturbada dentro de mim? Ponha a sua esperança em Deus! Pois ainda o louvarei; ele é o meu Salvador e o meu Deus" (Salmos 42:6,7). Acho que a música acalenta, tranquiliza, é por isso que existem as canções de ninar, é por isso que gostamos tanto de cantar para que as crianças durmam um sono tranquilo. Talvez, pensando nisso, o salmista tenha escrito: "Conceda-me o Senhor o seu fiel amor de dia; de noite esteja comigo a sua canção. É a minha oração ao Deus que me dá vida" (Salmos 42:8).

Certa vez, conheci uma senhora idosa, uma pessoa de profunda comunhão com Deus. Um dia, ela, hospitalizada, teve muita dificuldade para dormir, pois ficava aflita pelas dores que sentia, que a impossibilitavam de ter um sono tranquilo. Uma de suas filhas estava com ela nessa noite e disse que a senhora, antes de dormir, fez a seguinte oração: "Senhor, por favor, fica comigo esta noite. Faz um carinho especial em mim até eu dormir." Que coisa linda! Ficamos emocionados ao ouvir uma oração feita por uma pessoa realmente conectada com o Senhor. E a filha da senhora nos disse que, a partir daquela noite, ela tinha sonos serenos e sem interrupções, o que impressionava até os médicos. É assim que Deus faz conosco, sua presença nos acalma, nos dá tranquilidade e, então, podemos dormir tranquilamente, sabendo que ele está ao nosso lado.

Esse amor é tão grande que não pode ser questionado, pois Cristo fez o máximo, deu tudo, deu o seu melhor, deu a própria vida por nós e nos assegura que estará conosco "até a consumação dos séculos". Assim é que devemos buscá-lo sempre, temos de viver sempre à procura da sua companhia e de tal maneira que o nosso próximo sinta esse amor em nós.

O que é fundamental?

Retribuir a amizade de Jesus, pois ninguém me ama tanto quanto ele, que morreu no meu lugar; por isso, permaneço sempre amigo do Senhor, certo de que ele está comigo o tempo todo.

Quando o desânimo, o cansaço e o pessimismo quiserem me fazer companhia, espero me lembrar de tudo o que Deus tem feito por mim e viver sempre na certeza de que ele me ama e de que comigo estará para sempre; e nunca me sentirei sozinho.

O que fazer?

Ter a certeza de que temos ao nosso dispor o grande amor de Deus. Com o Senhor, a solidão pode desaparecer, e a confiança de que ele está comigo em todos os momentos deve me impulsionar a não só viver nessa crença, mas também a transmitir para os outros a verdade.

- Reflita um pouco sobre o grande amor de Deus em sua vida e pense em algum momento no qual você percebeu que nosso Pai, de fato, esteve ao seu lado.
- Você pode dizer realmente que a sua comunhão com Deus tem preenchido a sua vida de tal maneira que você não se sente sozinho?

Agora, continue a exercitar a sua mente e a pensar, afirmando para si mesmo:

- Buscarei estar sempre em comunhão com Deus, para que ele esteja sempre comigo, até mesmo nos momentos mais difíceis.
- Disponho-me a, diante do Senhor, procurar desfrutar do seu grande amor por mim, vivendo de tal maneira que esse amor se reflita na vida dos meus amigos e da minha família.

Pare e pense

"Eu a amei com amor eterno. E eu estarei sempre com vocês, até o fim dos tempos" (Jeremias 31:3; Mateus 28:20).

Torne esse texto real em sua vida

Mesmo quando tudo parece nublado e sem perspectivas, podemos nos atirar nos braços do Senhor com a confiança e a certeza de que ele nos ama e estará sempre conosco.

- 📖 "Eu a amei com amor eterno." → Quero viver na dependência de Deus, sabendo que, mesmo em meio a qualquer problema, posso ter certeza do seu amor por mim.
- 📖 "E eu estarei sempre com vocês..." → Espero manter sempre a minha comunhão com Deus, para que essa certeza me acompanhe todos os dias.
- 📖 "...até o fim dos tempos." → O amor de Deus é sem fim. O amor revelado a mim por Jesus Cristo na cruz será eterno e, por isso, sei com certeza que nunca estarei sozinho, pois nosso Pai Eterno estará comigo de tal modo que as pessoas verão que ele vive em mim e faz diferença no meu viver.

Capítulo 17

Os outros são importantes

Se, porém, andamos na luz, como ele está na luz, temos comunhão uns com os outros, e o sangue de Jesus, seu Filho, nos purifica de todo pecado.
— 1João 1:7

Viver com outras pessoas não é fácil! Todavia, Deus nos criou para a comunhão, não para o isolamento, e nos deu a capacidade de sermos solidários, não solitários. Esse é o verdadeiro significado da palavra conviver: "Viver em comum com outrem em intimidade, em familiaridade; ter convivência."[6] A realidade do viver só se completa quando saímos de nós mesmos e nos encontramos realmente com o outro. Algumas vezes, esse processo acontece com menor profundidade — são encontros sem camaradagem, sem fraternidade. Conviver, no entanto, é um desafio a todo momento, em todas as esferas. Um bom exemplo é pensarmos no rapaz que, embora tenha prazer em se encontrar com a amada, sua encantadora escolhida, precisa ter em mente que, para conviver plenamente com ela (unir-se pelo casamento), exige-se muito mais: significa aceitar suas falhas e limitações e, às vezes, até o sogro, a sogra e os cunhados que vêm no pacote.

Conviver, de acordo com a concepção cristã, só tem sentido quando pessoas são amadas e objetos, usados — e quanto menos objetos portarmos em nossa bagagem, melhor será a nossa trajetória.

---

[6]FERREIRA, 1986, p. 472.

Conviver não deve ser encarado como ameaça, mas como oportunidade de crescimento. O encontro com o outro nos desafia a darmos o nosso melhor.

A Palavra de Deus tem excelentes conselhos sobre o viver em comunhão com o próximo. Paulo recomenda:

> Como povo escolhido de Deus, santo e amado, revistam-se de profunda compaixão, bondade, humildade, mansidão e paciência. Suportem-se uns aos outros e perdoem as queixas que tiverem uns contra os outros. Perdoem como o Senhor lhes perdoou. Acima de tudo, porém, revistam-se do amor, que é o elo perfeito. Que a paz de Cristo seja o juiz em seu coração, visto que vocês foram chamados para viver em paz, como membros de um só corpo. E sejam agradecidos. Habite ricamente em vocês a palavra de Cristo; ensinem e aconselhem-se uns aos outros com toda a sabedoria, e cantem salmos, hinos e cânticos espirituais com gratidão a Deus em seus corações.
>
> (Colossenses 3:12-16)

Essas palavras são um desafio para que freemos as atitudes intempestivas e cultivemos um estilo pacificador, pois nos incitam a pisarmos no freio diante do desacordo e nos incentivam à paz. Só quando aprendermos a suportar e a perdoar teremos condições de sermos realmente felizes. Em desafio a vivermos o amor em sua plenitude, Paulo completa: "Perdoem como o Senhor lhes perdoou." Perdoar como o Senhor nos perdoou significa perdoar sem reservas, perdoar sempre. Como podemos viver esse desafio? Priorizando o amor. "Acima de tudo, porém, revistam-se do amor, que é o elo perfeito." O dia a dia é uma fantástica oportunidade para exercitarmos o amor de Cristo. "Suportem-se e perdoem", eis um desafio presente nos relacionamentos. Para Aristóteles, *ter grande alma* significa ser capaz de suportar insultos sem revidar.

Viver com Deus é uma bênção

Nossos semelhantes são tão importantes que a Bíblia nos desafia a amarmos o nosso próximo como a nós mesmos. Na Lei de Deus, temos: "Não procurem vingança, nem guardem rancor contra alguém do seu povo, mas ame cada um o seu próximo como a si mesmo. Eu sou o SENHOR" (Levítico 19:18). Certo dia, um fariseu, para testar Jesus, perguntou-lhe qual era o maior mandamento. Cristo respondeu: "Ame o Senhor, o seu Deus de todo o seu coração, de toda a sua alma e de todo o seu entendimento. Este é o primeiro e maior mandamento. E o segundo é semelhante a ele: ame o seu próximo como a si mesmo" (Mateus 22:37-39). Paulo falou do cuidado que devemos ter no trato uns com os outros: "Não devam nada a ninguém, a não ser o amor de uns pelos outros, pois aquele que ama seu próximo tem cumprido a lei. Pois estes mandamentos: 'Não adulterarás', 'não matarás', 'não furtarás', 'não cobiçarás', e qualquer outro mandamento, todos se resumem neste preceito: 'Ame o seu próximo como a si mesmo'" (Romanos 13:8,9).

O melhor modo de provarmos que os outros são importantes é desenvolver a capacidade de aceitá-los como realmente são, não como gostaríamos que fossem.

Precisamos aprender que bons relacionamentos se constroem com toques positivos. É Paulo, mais uma vez, quem recomenda: "Seja a amabilidade de vocês conhecida por todos" (Filipenses 4:5). Guardo em minha mente uma experiência de minha infância. Minha mãe, para me disciplinar, me batia — merecidamente, na maioria das vezes. Meu pai, ao contrário, me contava histórias. Como resultado, lembro-me de muitas lições que recebi ao ouvir as histórias de meu pai, mas não me lembro de ter aprendido muito com as surras que levei de minha mãe. Na verdade, não é quem fala mais ou mais alto quem marca mais, porém quem tem a coragem de doar-se em amor. O nosso espírito, no conviver, deve ser o de Cristo, da mais completa humildade (ver Filipenses 2:5-8).

Dar a devida importância às outras pessoas é algo essencial para uma vida de comunhão com Deus. Quem não é capaz de valorizar o próximo, na realidade ainda não conseguiu viver em completa comunhão com nosso Senhor.

Observe como o apóstolo João associou nossa vida com Deus ao convívio com as outras pessoas, unindo o amor de Deus ao amor ao próximo:

> Foi assim que Deus manifestou o seu amor entre nós: enviou o seu Filho Unigênito ao mundo, para que pudéssemos viver por meio dele. Nisto consiste o amor: não em que nós tenhamos amado a Deus, mas em que ele nos amou e enviou seu Filho como propiciação pelos nossos pecados. Amados, visto que Deus assim nos amou, nós também devemos amar-nos uns aos outros. Ninguém jamais viu a Deus; se amarmos uns aos outros, Deus permanece em nós, e o seu amor está aperfeiçoado em nós. (1João 4:9-12)

João mencionou também a presença do Espírito Santo no relacionamento que temos não só com Deus, mas também uns com os outros:

> Sabemos que permanecemos nele, e ele em nós, porque ele nos deu do seu Espírito. E vimos e testemunhamos que o Pai enviou seu Filho para ser o Salvador do mundo. Se alguém confessa publicamente que Jesus é o Filho de Deus, Deus permanece nele, e ele em Deus. Assim conhecemos o amor que Deus tem por nós e confiamos nesse amor. Deus é amor. Todo aquele que permanece no amor permanece em Deus, e Deus nele. Dessa forma o amor está aperfeiçoado entre nós, para que no dia do juízo tenhamos confiança, porque neste mundo somos como ele. (1João 4:13-17)

O aperfeiçoamento em amor é o alvo de quem vive em comunhão com Deus. Este deve ser nosso desafio constante, pois o Pai Celestial é amor, e somente ao amarmos nosso próximo somos aperfeiçoados. É possível compreender? Em outras palavras, o amor de Deus age constantemente na vida das pessoas que buscam viver em comunhão com ele, e a contínua ligação com Deus, traduzida na capacidade de amarmos as outras pessoas, é a condição para que o amor seja continuamente aperfeiçoado em nós. Quando isso acontece, livramo-nos do medo, como completou o apóstolo João:

> No amor não há medo; pelo contrário, o perfeito amor expulsa o medo, porque o medo supõe castigo. Aquele que tem medo não está aperfeiçoado no amor. Nós amamos porque ele nos amou primeiro. Se alguém afirmar: "Eu amo a Deus", mas odiar seu irmão, é mentiroso, pois quem não ama seu irmão, a quem vê, não pode amar a Deus, a quem não vê. Ele nos deu este mandamento: Quem ama a Deus, ame também seu irmão.
>
> (1João 4:18-21)

O que é fundamental?

Conviver com outras pessoas, aceitando-as, amando-as e ajudando--as de acordo com a realidade de cada uma, não segundo meus critérios e expectativas.

O que fazer?

Vamos deixar esse ponto bem claro, pois quem não consegue amar ao próximo, necessita reavaliar a própria religiosidade: "Quem não ama, não conhece a Deus, porque Deus é amor."

Viver com o Todo-Poderoso é aceitar o desafio de andar como Jesus andou. Talvez você pergunte como Jesus andou. A resposta está nas palavras do apóstolo Pedro: "Ele andou por toda parte fazendo o bem" (ver Atos 10:38). O amor ao próximo foi a marca do viver de Jesus. E qual tem sido a marca do nosso viver?

Coloque-se diante de Deus

Este é um momento de meditação e profunda avaliação pessoal. A questão que vamos trabalhar é a seguinte: como anda a minha capacidade de convivência? Em que resultaria uma análise dos meus relacionamentos? Tente responder a essas perguntas, atribuindo um ponto a cada uma; depois, veja qual será a sua nota.

- Quando estou em casa, eu me alegro com os meus familiares?
- A minha presença em casa traz alegria aos meus familiares?
- Mantenho bom relacionamento com os meus vizinhos?
- O meu relacionamento com outros parentes é bom?
- A minha presença entre eles é motivo de alegria?
- Tenho sido gentil e cumprimentado as pessoas que encontro?
- Tenho prazer em encontrar pessoas no ambiente de trabalho?
- Os meus colegas de trabalho se alegram com a minha presença?
- Sei dar ordens sem constranger e obedecer a ordens sem me sentir constrangido?
- Tenho cultivado a paciência no trato com as pessoas?

Então, vamos melhorar sua nota? Que tal firmar alguns propósitos que podem aprimorar as suas relações interpessoais? Vamos lá.

- Farei tudo ao meu alcance para me alegrar com os meus familiares, em casa.
- Transformarei a minha presença em casa em motivo de alegria para todos.
- Conservarei um bom relacionamento com os meus vizinhos.
- Cultivarei a paciência e a bondade com parentes, familiares e todos os demais.
- Procurarei me comportar para alegrar o ambiente onde eu estiver.
- Atentarei para a presença de outras pessoas, cumprimentando-as e ajudando-as.

- Buscarei ser gentil, sincero e atencioso com os meus colegas de trabalho.
- Darei ordens, sem arrogância, e obedecerei às ordens, sem subserviência.
- Respeitarei o espaço dos outros, procurando me manter nos meus limites.
- Serei agradável sem ser fingido e sincero sem ser grosseiro.

O segredo para conseguirmos bom resultado no convívio com as demais pessoas é pedirmos a Deus que nos ajude e nos aperfeiçoe para vivermos em amor. Só assim cresceremos nos nossos relacionamentos. O problema de amarmos ao próximo como a nós mesmos é que algumas vezes o "próximo" não é assim tão próximo. E Jesus foi bem claro, quanto à extensão do amor ao próximo: "Amem os seus inimigos e orem por aqueles que os perseguem" (Mateus 5:44).

Pare e pense

"Amados, amemos uns aos outros, pois o amor procede de Deus. Aquele que ama é nascido de Deus e conhece a Deus. Quem não ama não conhece a Deus, porque Deus é amor" (1João 4:7,8).

Torne esse texto real em sua vida

O nosso amor a Deus é expresso no modo como nos comportamos. Nossa comunhão com ele não pode ser medida por sentimentos e emoções, e as mais eloquentes palavras são insuficientes. Tão somente pela conduta que se harmoniza com o que falamos podemos comprovar que vivemos em comunhão com o Senhor.

📖 "Amados, amemos uns aos outros, pois o amor procede de Deus." → Preciso amar as pessoas que comigo convivem (tanto as que estão próximas quanto as que estão distantes). Amar o próximo não significa necessariamente cultivar grande amizade com ele; porém jamais devo desejar, fazer, apoiar ou incentivar o mal contra qualquer pessoa. Amar o próximo significa viver no propósito de crescer em amor, uma vez que é impossível viver em comunhão com Deus sem amar os meus semelhantes.

📖 "Aquele que ama é nascido de Deus e conhece a Deus." → Quero ter essa verdade diante de mim sempre e assim amar (independentemente da pessoa e das circunstâncias), amar porque sou nascido de Deus, em Cristo, conheço o Senhor, que torna impossível o ato de deixar de amar.

📖 "Quem não ama não conhece a Deus..." → Tenho conhecido a Deus, por meio de Jesus Cristo, seu Filho, que me ama tanto a ponto de ter morrido em meu lugar. Portanto, não me resta alternativa a não ser o caminho do amor; conheço a Deus, por isso quero amar sempre o meu próximo.

📖 "...porque Deus é amor." → Essa afirmação é a mais curta e a mais completa tentativa de definir o indefinível, o nosso Deus. Ela me faz compreender que o meu estilo de vida não pode ignorar aqueles que me cercam, porque Deus é amor, e que a minha comunhão com ele me faz amar o próximo.

Capítulo 18

Agora posso perdoar

Perdoa-nos os nossos pecados, pois também perdoamos
a todos os que nos devem.
— Lucas 11:4

Perdoar não é fácil, mas é extraordinário! Favorece quem praticou a ofensa e mais ainda quem foi ofendido. Imagino que você deve estar se lembrando daquele momento em que alguém o ofendeu e humilhou, deixando-o traído e apunhalado, ferido e abandonado. E, ainda pior, pode se lembrar de quando você foi agredido por uma pessoa em quem confiava, alguém que você nunca imaginaria que pudesse agir de modo tão desprezível.

História de desentendimentos são comuns desde que o pecado entrou no mundo. Adão transferiu a culpa da sua desobediência para Eva (ver Gênesis 3:12). Caim, de tanta inveja de seu irmão Abel, acabou por assassiná-lo (ver Gênesis 4:2-10). O pecado faz a pessoa perder o encanto com o próximo, e, quando a graça desaparece, muitas vezes surgem desentendimentos, desenganos, confusões e traições. Por mais radical que pareça, o único remédio para a ofensa e para a traição é o perdão. Mas nós sabemos que não é fácil.

Conheci um homem que era excelente profissional, experiente, estimado e admirado. Ele tinha um amigo com quem se encontrava constantemente para trocar ideias e conversar. Enquanto tudo ia bem, o "amigo" estava sempre ao lado. Quando as crises financeiras do homem cresceram, a ponto de deixá-lo sufocado, fazendo-o perder o cargo que ocupava, aquele que se apresentava como amigo não só negou qualquer tipo de ajuda, mas também fez de tudo para aumentar ainda mais os problemas de quem um dia parecia ter estado tão próximo. Levantou dúvidas que comprometiam a honestidade do outro, fez comentários irresponsáveis sobre ele, fazendo crer que havia riscado para sempre o nome dele do rol de seus amigos.

Durante certo tempo, esse homem sofreu a dor de tanta deslealdade. Sabia que precisava acabar com o sentimento de amargura gerado por esse problema, antes que toda a mágoa que sentia terminasse com a alegria de seu viver. Mais ainda, sendo cristão, estava ciente de que só lhe restava o caminho do perdão. "Perdoar? Como vou perdoar, se foi ele quem me ofendeu e nunca me pediu perdão?" Ele passou um bom tempo ouvindo a voz de Deus falar ao seu coração. Nesse período, orou muito, pedindo a Deus que removesse os obstáculos. Finalmente, um dia, ele telefonou ao antigo amigo, para marcar um encontro. Eles se encontraram, conversaram, mas nenhum pedido formal de desculpas foi apresentado.

Dias depois, alguém falou: "Vi você batendo altos papos com alguém que fez de tudo para prejudicar a sua vida. Ele lhe pediu desculpas?" O homem respondeu com um sorriso, uma vez que não estava interessado em nenhum pedido de perdão; seu interesse e sua necessidade eram perdoar.

O ofensor muitas vezes segue seu caminho sem ao menos pensar no mal que causou ao próximo; enquanto isso, a pessoa que foi agredida, insistindo em não perdoar, vai se enchendo de amargura, complicando ainda mais a situação. Maior sofrimento do que ser ofendido por alguém é insistir em alimentar a amargura e o desejo de vingança — e muita gente faz isso em nome da justiça, alegando que não pode aprovar alguém que se tornou desprezível. Precisamos lembrar, no entanto, que "quem exagera em aborrecer o desprezível, corre o risco de se tornar tão ou até mais desprezível do que ele. E é exatamente aqui que entra o exercício da benignidade: é preciso cultivar o espírito cristão que nos dá a capacidade de não responder o mal com o mal."[7]

Uma vez que vivemos em comunhão com Deus, devemos buscar nele a força que nos capacita a perdoar. Basta nos lembrarmos de Jesus, na cruz, pedindo perdão para os que o crucificavam: "Pai, perdoa-lhes, pois não sabem o que estão fazendo" (Lucas 23:34). E o que dizer de Estêvão? Em semelhante situação (enquanto era apedrejado), se comportou da mesma maneira que Jesus. Seu pedido a Deus foi: "Senhor, não os consideres culpados deste pecado" (Atos 7:60). Você seria capaz de me dizer o que deu a Estêvão toda essa capacidade de perdoar? Ao voltarmos à história bíblica, encontramos a resposta. Observe o que ficou registrado acerca do comportamento dele: "Estêvão, cheio do Espírito Santo, levantou os olhos para o céu e viu a glória de Deus, e Jesus de pé, à direita de Deus, e disse: 'Vejo os céus abertos e o Filho do Homem de pé, à direita de Deus'" (Atos 7:55,56).

O problema que impede o perdão é que algumas vezes pessoas cultivam como que um prazer mórbido em contemplar a ferida exposta. Essa atitude é contrária ao que geralmente fazemos diante de uma enfermidade física. Não sentimos alegria ao ver alguma ferida que possamos ter; nos preocupamos e providenciamos com urgência o medicamento capaz de trazer a cura. Estêvão foi capaz de se aproximar tanto de Deus a ponto de, em meio a todo o sofrimento, ver a glória do Senhor. A visão dele não estava focada nas pedras que lhe eram arremessadas; ao contrário, uma realidade que parecia ser bem mais distante aproximou-se dele, e pela fé ele foi capaz de ver não só a glória de Deus, mas também Jesus, de pé à direita do Pai. Ao ver Jesus tão perto, ele orou pelos que o assassinavam.

O que é fundamental?

Preciso aprender a perdoar sem estabelecer restrições e sem esperar vantagens, mas tão somente para continuar sendo feliz e podendo suplicar o perdão de Deus.

---

[7]MORAES, no prelo, p. 66.

Aprendi grande lição de perdão com o pastor Raimundo Cardoso. Ele teve tudo para me detestar. Fiz uma queixa onde ele trabalhava, e com isso ele perdeu o emprego. A reclamação era parte do meu trabalho, pois havia recebido a incumbência de fazê-la. No entanto, eu nem o conhecia. E, apesar de haver deixado claro que não queria prejudicar ninguém, ele foi despedido. Alguns anos depois, fui morar no mesmo condomínio onde ele morava. Raimundo sabia quem eu era, mas eu continuava sem conhecê-lo. Ele sempre me cumprimentava com muita gentileza e bondade, até que um dia se apresentou, lembrando-me de que por minha causa ele havia sido mandado embora do trabalho. Muito envergonhado, pedi-lhe que me perdoasse. Ele riu e me disse que não tinha nada a perdoar, pois ao ser demitido conseguiu algo melhor. A partir desse momento, ele foi se aproximando cada vez mais de mim. Sem nenhum sentimento de rancor, me adotou como um dos seus mais queridos amigos. Mais tarde, fui seu professor e, quando se aproximava a formatura de sua turma, ele fez uma grande campanha até conseguir que eu fosse o professor homenageado no seu curso.

Grande amizade frutificou entre nós de tal modo que em todas as igrejas que pastoreou, mesmo em lugares distantes como Roraima e Amazonas, ele me levou para pregar. Havia alegria nos nossos encontros. Estive em Manaus poucas semanas antes de seu falecimento. Ele estava hospitalizado, e eu conhecia a realidade de sua situação. Fui ver meu amigo no hospital, conversamos, louvamos a Deus pela nossa amizade, oramos e nos despedimos, na certeza de que o nosso relacionamento, em Cristo, valeu a pena. Ao sair, chorei, pois sabia que era a última vez que nos veríamos — alguns dias depois, a esposa dele me telefonou para avisar que Raimundo havia sido transferido para morar com Jesus.[8]

Quando substituímos o rancor pelo perdão e o ódio pelo amor, criamos a oportunidade do surgimento e do desenvolvimento de uma grande amizade.

---

[8]MORAES, 2010, p. 85.

O que fazer?

Qual é a sua situação diante do perdão? Você tem procurado perdoar as pessoas que se levantam como seus inimigos? O maior estrago diante das decepções e dos desencantos não é causado pelas chicotadas que possamos levar de alguém, mas pela incapacidade de perdoar. Chicotadas machucam, mas logo o corpo volta ao normal. A incapacidade de perdoar cria feridas que nos corroem por dentro, apodrecendo-nos e estragando nossa alegria de viver. Vamos caminhar juntos agora, de modo bem prático.

- Anote os nomes de todas as pessoas que você não tem mais prazer em encontrar; pense nas causas que o levaram a ter mágoa delas.
- Tente descobrir se o seu problema é incapacidade de esquecer; se for, não tente esquecer, basta não dar mais importância, não alimentar a dificuldade; siga em frente, sem olhar para trás.
- Ore, peça a Deus que lhe dê forças para vencer todos os obstáculos que o impedem de se encontrar com as pessoas que vieram à sua mente; siga em oração e afirme a Deus todo o seu desejo e a sua necessidade de viver em comunhão com ele.
- Peça ao Senhor de toda a bondade que o ajude a se livrar de todo apego ao passado, sentimento negativo e desejo de vingança.

Continua difícil perdoar? Podemos compreender. Sabemos que o perdão é um exercício por demais exigente e que somente com a ajuda divina podemos perdoar. Agora procure definir bem o que pode trazer paz ao seu coração e mais uma vez rogue a Deus que isso se torne realidade na sua vida. Firme novos propósitos:

- Tirar o foco da confusão para a comunhão, substituir o desencontro pelo reencontro, trocar a revolta motivadora de vingança pela realização que permite a ajuda, e deixar de olhar para mim mesmo e olhar para Jesus. Descartar as páginas marcadas por erros e borrões, substituindo-as por páginas em branco, nas quais será possível escrever uma nova história.

- Lembrar as difíceis experiências do passado sem me sentir ofendido e sem desejar ofender, sabendo olhar o ferimento que os outros me causaram sem ressentimento, constatando que ele está completamente cicatrizado.

- Alcançar a meta suprema de estender a mão ao inimigo, encurtando a distância da ofensa para seguir a trilha da misericórdia, com base no amor de Jesus, que transforma a terrível tempestade em bonança.

Pare e pense

"Abençoem aqueles que os perseguem; abençoem, e não os amaldiçoem" (Romanos 12:14).

Coloque-se diante de Deus

Quando Paulo escreveu essa recomendação, possivelmente tinha diante dele a lembrança de Estêvão, que orou pelos que o apedrejavam. Na ocasião, Paulo não só estava presente, mas também participou de certa forma. Segundo a Bíblia, "as testemunhas deixaram seus mantos aos pés de um jovem chamado Saulo [...] E Saulo estava ali, consentindo na morte de Estêvão" (Atos 7:58; 8:1).

Torne esse texto real em sua vida

📖 "Abençoem aqueles que os perseguem..." → Quero viver em comunhão com Deus para ter condições de abençoar até mesmo aqueles que se levantam como meus perseguidores; portanto, preciso olhar constantemente para o exemplo de Jesus, que pediu perdão para os que o crucificaram, e me lembrar do seu ensino, que desafia a amar até os inimigos.

Viver com Deus é uma bênção

📖 "...abençoem, e não os amaldiçoem" → Firmo o propósito de abençoar as demais pessoas e, até mesmo quando amaldiçoado, quero que o Senhor me dê forças para abençoar, mostrando pela minha atitude que o amor de Deus me constrange a agir com paciência, bondade e prontidão em perdoar.

Capítulo 19

O que Deus quer?

Perguntei: Que devo fazer, Senhor? Disse o Senhor: "Levante-se, entre em Damasco, onde lhe será dito o que você deve fazer."
— *Atos 22:10*

O que Deus quer que eu faça? A todo instante nos deparamos com essa questão. Afinal, o que o Pai Celestial quer de mim? O que devo fazer? Paulo perguntou para Jesus, quando este surgiu no caminho para Damasco, e o Senhor lhe respondeu de imediato que deveria se levantar, entrar na cidade e, então, seria dito o que fazer. Saber o que Deus quer de nós não é fácil, e o atendimento às ordens dele muitas vezes é ainda mais difícil.

Até mesmo Jesus enfrentou grande luta interior até a completa entrega, para que o plano do Pai acontecesse em sua vida. Os detalhes da agonia que ele viveu no Getsêmani são bem claros:

> Jesus foi com seus discípulos para um lugar chamado Getsêmani e disse-lhes: "Sentem-se aqui enquanto vou ali orar." Levando consigo Pedro e os dois filhos de Zebedeu, começou a entristecer-se e a angustiar-se. Disse-lhes então: "A minha alma está profundamente triste, numa tristeza mortal. Fiquem aqui e vigiem comigo." Indo um pouco mais adiante, prostrou-se com o rosto em terra e orou: "Meu Pai, se for

possível, afasta de mim este cálice; contudo, não seja como eu quero, mas sim como tu queres." Então, voltou aos seus discípulos e os encontrou dormindo. "Vocês não puderam vigiar comigo nem por uma hora?", perguntou ele a Pedro. "Vigiem e orem para que não caiam em tentação. O espírito está pronto, mas a carne é fraca." E retirou-se outra vez para orar: "Meu Pai, se não for possível afastar de mim este cálice sem que eu o beba, faça-se a tua vontade." Quando voltou, de novo os encontrou dormindo, porque seus olhos estavam pesados. Então os deixou novamente e orou pela terceira vez, dizendo as mesmas palavras. Depois voltou aos discípulos e lhes disse: "Vocês ainda dormem e descansam? Chegou a hora! Eis que o Filho do Homem está sendo entregue nas mãos de pecadores. Levantem-se e vamos! Aí vem aquele que me trai!"

(Mateus 26:36-46)

Há muitas decisões indispensáveis nas experiências de cada um de nós. Sei que você já precisou decidir a respeito das mais diversas questões em sua vida. Isso acontece quando percebemos o mundo que nos cerca e adquirimos a capacidade de "caminhar com os nossos próprios pés". Antes disso, nossos pais e outros adultos responsáveis por nós vão tomando as decisões. Na minha infância, criança não tinha direito de escolher nem mesmo a roupa que vestiria; era o que os pais determinavam. Lembro-me do quanto minha mãe ficava zangada quando saíamos para comprar sapatos: o gosto dela era completamente diferente do meu, mas eu precisava gastar muitos argumentos e lágrimas para convencê-la. Hoje as crianças passam a decidir cedo; logo que aprendem a falar expressam seus desejos e fazem suas escolhas. O diferencial, quando vivemos em comunhão com Deus, é aprendermos a decidir de acordo com os padrões do seu Reino. O ponto de partida deixa de ser "o que eu quero?" e passa a ser "o que Deus quer de mim?" Somos desafiados a decidir não de acordo com os nossos planos e anseios, mas segundo o que Deus tem para nós.

Nós morávamos em Recife, onde por dezesseis anos fui pastor e lecionei no Seminário Batista. Foi o lugar onde por mais tempo residimos! Amávamos a cidade, a igreja e o seminário onde servíamos. Minha esposa gostava muito das instituições onde ensinava; os nossos quatro filhos haviam crescido e não tinham nenhum motivo para pensar em deixar a cidade naquele momento.

Olhando para mim e para minha família, todos seriam unânimes em pensar que estávamos enraizados no solo recifense. Mas Deus resolveu nos mostrar que não tínhamos autoridade para traçar planos e determinar o caminho a seguir — só ele tem essa autoridade. Esse abalo de estruturas começou com uma consulta para eu assumir um trabalho em Brasília. De imediato respondi que não, e em minha mente não havia nenhuma possibilidade para essa mudança. Outra vez fui consultado e dei a mesma resposta. A oportunidade que me estava sendo oferecida por fim foi preenchida, e então pensei: "Finalmente estou livre para permanecer no lugar onde Deus quer que eu fique." Mas eu estava enganado. Deus havia me conduzido para aquele local, mas isso não significava que eu devesse continuar ali todo o tempo, e menos ainda que ele estivesse aprovando a minha atitude arrogante e pretensiosa.

Meses depois, a mesma função outra vez estava disponível, e o meu nome foi novamente apresentado. Contra a minha vontade, mas para não insistir no meu autoritarismo, enviei meu currículo. Dias depois, fui informado da escolha do meu nome, baseada em critérios previamente estabelecidos e divulgados. Àquela altura eu tremia, com medo de Deus estar querendo me conduzir por caminhos por onde eu não planejara andar. O processo se complicou porque havia o desejo de ver escolhido alguém local, o que seria muito justo. Pelo fato de não atender a esse pré-requisito, cheguei a receber e-mails nos quais se afirmava que eu não era bem-vindo e me era recomendado não aceitar o convite. Se eu trabalhasse para mim mesmo, ou se estivesse sob ordens humanas, teria aceitado a recomendação, o que seria bem mais cômodo para mim. Contudo, não cabia a mim escolher o que seria mais cômodo, mas o que o Senhor me ordenava, ainda que fosse mais trabalhoso. Não me caberia atender a recomendações ou recuar devido a ameaças, mas prosseguir, obedecendo às ordens do Senhor, pois quando ele nos manda não há razão para temor ou espanto, porque Deus nos recomenda sermos fortes e corajosos, além de prometer estar conosco aonde quer que andarmos (ver Josué 1:9).

Por mais que tentasse "orar contra" e houvesse mesmo muita gente contrária à minha possível transferência, Deus mostrou claramente que os planos eram dele e que precisavam ser obedecidos.

Não foi fácil tomar a decisão — foi a mais difícil que eu e minha esposa tomamos em toda a vida. Os nossos filhos ficaram em Recife, e esse foi o detalhe mais dolorido. Não nos restava, porém, alternativa. Ficar significaria desobedecer, e não queríamos fugir do plano que Deus havia traçado para nós.

O que é fundamental?

Conhecer o plano de Deus para a minha vida, na disposição de me levantar e fazer o que ele me manda, sabendo que a vontade dele é boa, agradável e perfeita.

A experiência de nossa mudança para a capital federal nos fez viver de modo bem prático algumas realidades. Aprendemos que quem é amigo de Jesus pratica o que ele tem ensinado: "Se vocês obedecerem aos meus mandamentos, permanecerão no meu amor, assim como tenho obedecido aos mandamentos de meu Pai e em seu amor permaneço" (João 15:10). Agora responda: as palavras de Jesus permanecem em você? Aprendemos também que viver em comunhão com Deus será sempre uma jornada de fé, como diz o apóstolo Paulo: "No evangelho é revelada a justiça de Deus, uma justiça que do princípio ao fim é pela fé, como está escrito: 'O justo viverá pela fé'" (Romanos 1:17).

O que podemos entender por jornada de fé? Diante dessa expressão, certamente o nome que de imediato vem à mente de muitas pessoas é o de Abraão. Segundo a Bíblia, "pela fé Abraão, quando chamado, obedeceu e dirigiu-se a um lugar que mais tarde receberia como herança, embora não soubesse para onde estava indo" (Hebreus 11:8). A atitude de Abraão é o que podemos chamar literalmente de *caminhar pela fé*: obedecer e deixar tudo para trás, caminhar sem saber para onde está se dirigindo. No nosso relacionamento com Deus, fé e obediência andam juntas — nosso dia a dia precisa ser determinado pela fé, e fazer o que Deus quer é sempre um exercício de obediência e fé.

O que fazer?

- Nas nossas orações, precisamos constantemente nos apresentar ao Senhor e ter disposição para fazer a vontade dele. Jesus nos ensina a orar assim: "Seja feita a tua vontade, assim na terra como no céu" (Mateus 6:10). Você tem se preocupado em fazer a vontade de Deus?
- Coloque-se diante do Senhor, em oração, e não peça nada. Diga a ele que precisa ouvir sua voz falar ao coração.
- Fique em silêncio diante dele — é no mais completo silêncio que às vezes somos capazes de ouvir o que ele tem a nos dizer.
- Medite sobre tudo o que ele tem feito por você, sobre todas as coisas que ele dá a todo instante.
- Lembre-se de algumas decisões que você já tomou, descobrindo o lugar onde Deus esteve em cada uma.

Antes de prosseguir, descubra se as suas decisões têm sido tomadas em comunhão com Deus, buscando glorificar Jesus. Agora prossiga, firmando alguns propósitos:

- Reservar um tempo diário para estar diante de Deus não só para falar, mas também para tentar ouvir o que ele tem a dizer.
- Meditar sobre o que o Senhor tem feito em minha vida, lembrando as bênçãos que ele me tem dado a todo instante.
- Buscar conhecer a vontade do Criador antes de tomar qualquer decisão e nada decidir antes de orar e receber respostas do Pai.
- Tornar real o pedido que faço na Oração do Pai-Nosso ("seja feita a tua vontade"), buscando incessantemente fazer o que ele quer que eu faça.

Pare e pense

"'Os meus pensamentos não são os pensamentos de vocês, nem os seus caminhos são os meus caminhos', declara o SENHOR. 'Assim como os céus são mais altos do que a terra, também os meus caminhos são mais altos do que os seus caminhos, e os meus pensamentos, mais altos do que os seus pensamentos'" (Isaías 55:8,9).

Coloque-se diante de Deus

Essa passagem bíblica tem nos ajudado muito quando temos de tomar decisões. No caso de nossa transferência para Brasília, ela foi nosso "grito de guerra". Podíamos não compreender o porquê, mas, considerando a distância entre os pensamentos e os caminhos do Eterno e os nossos, a atitude sensata era escolher o caminho da obediência. Não foi fácil, mas foi prazeroso saber que ele estava (e está) nos guiando pela mão e abrindo portas, para que o plano dele para nós se tornasse (e continue se tornando) realidade plena.

Torne esse texto real em sua vida

📖 "'Os meus pensamentos não são os pensamentos de vocês...'" → Quero que o Senhor me ajude a pensar primeiramente naquilo que tem traçado para mim. Sabendo que há grande distância entre os pensamentos dele e os meus, desejo aliar seus planos para mim às decisões que preciso tomar.

📖 "'...nem os seus caminhos são os meus caminhos'" → Sei que os caminhos dele diferem dos meus; e, sendo trajetos de paz e não de maldade, são os melhores, o que me faz seguir apenas com a convicção de estar onde ele quer que eu esteja.

📖 "'...declara o Senhor." → O que Deus declara preciso escutar e, pela fé, tornar realidade no meu dia a dia.

📖 "'Assim como os céus são mais altos do que a terra, também os meus caminhos são mais altos do que os seus caminhos e os meus pensamentos, mais altos do que os seus pensamentos.'" → Mesmo reconhecendo que as rotas do Senhor e as minhas estão mais distanciadas do que os céus da terra, tenho plena confiança de que posso me aproximar do Criador pela mediação de Jesus.

Capítulo 20

A diferença

Daniel decidiu não se tornar impuro com a comida e com o vinho do rei,
e pediu ao chefe dos oficiais permissão para se abster deles.
— Daniel 1:8

Aqui está a história de um rapaz que tomou uma decisão bem diferente. Daniel e seus amigos Hananias, Misael e Azarias rejeitaram alimentos que não fossem adequados aos seus valores — foi um propósito assumido por Daniel e seguido pelos amigos. Eles eram israelitas e haviam sido levados como escravos para a Babilônia. Por serem jovens sem alguma deficiência, de boa aparência, cultos, inteligentes e capazes de dominar os vários campos do conhecimento, foram aprovados para servir no palácio do rei. Eles deveriam aprender a língua e a literatura babilônicas e ser submetidos a sério treinamento; o cardápio deles também seria especial, comeriam do mesmo alimento do rei. Depois de três anos, se apresentariam para servir no palácio (ver Daniel 1:1-5).

O que Daniel pediu ao oficial responsável por ele e seus amigos foi a mudança do cardápio. O guarda, no entanto, ficou receoso em atender à solicitação: "Tenho medo do rei, o meu senhor, que determinou a comida e a bebida de vocês. E se ele os achar menos saudáveis que os outros jovens da mesma idade? O rei poderia pedir a minha cabeça por causa de vocês" (Daniel 1:10). Não satisfeito com o pretexto usado pelo oficial, Daniel insistiu: "Peço-lhe que faça uma experiência com os seus servos durante dez dias: Não nos dê nada além de vegetais para comer e água para beber. Depois compare a nossa aparência com a dos jovens que comem a comida do rei, e trate os seus servos de acordo com o que você concluir" (Daniel 1:12,13).

Como teriam um período de três anos até o momento de serem apresentados ao rei, os dez dias solicitados para teste foram uma proposta bastante razoável. Cada vez que penso nessa história, acho que o oficial tinha certeza de que, passados os dez dias, Daniel e seus amigos se convenceriam da inviabilidade do projeto. Afinal, durante esse tempo eles estariam comendo somente legumes e bebendo água. Mas o inesperado aconteceu: "Passados os dez dias, eles pareciam mais saudáveis e mais fortes do que todos os jovens que comiam a comida da mesa do rei. Assim o encarregado tirou a comida especial e o vinho que haviam sido designados e em lugar disso lhes dava vegetais" (Daniel 1:15,16).

Daniel e seus amigos fizeram mais do que uma escolha por alimentação saudável, optaram por um cardápio que não os afastava da comunhão com Deus, pois não queriam se tornar impuros, não queriam se contaminar. Com certeza muita gente não teria perdido a "oportunidade única" de comer dos alimentos do rei; esses quatro rapazes, entretanto, além do prazer do momento, avistaram uma realidade maior: mais importante do que o prazer que se vive agora e logo passa, é priorizar a comunhão com Deus, que dura para sempre.

Os rapazes que sabiamente decidiram permanecer firmes como servos de Deus foram grandemente honrados. Veja o que se diz deles:

A esses quatro jovens Deus deu sabedoria e inteligência para conhecerem todos os aspectos da cultura e da ciência. E Daniel, além disso, sabia interpretar todo tipo de visões e sonhos. Ao final do tempo estabelecido pelo rei para que os jovens fossem trazidos à sua presença, o chefe dos oficiais os apresentou a Nabucodonosor. O rei conversou com eles, e não encontrou ninguém comparável a Daniel, Hananias, Misael e Azarias; de modo que eles passaram a servir rei.

(Daniel 1:17-19)

Você está disposto a fazer a diferença?

O que é fundamental?

Valorizar a comunhão com Deus, que permanece enquanto vivemos, desprezando aparentes valores que findam na fraude de desvalorizar quem os valoriza.

Fazer diferença não é fácil! Daniel, Hananias, Misael e Azarias foram sábios ao escolher não se afastar do Senhor. Foi o mesmo que aconteceu a outro personagem muito conhecido, José. No Egito, servindo como escravo na casa de Potifar, oficial do rei, diante da proposta indecente que lhe fez a mulher desse seu senhor, ele alegou: "Como poderia eu, então, cometer algo tão perverso e pecar contra Deus?" (Gênesis 39:9). Mesmo tendo de pagar um preço muito alto por não ceder aos desejos da mulher de Potifar, José permaneceu firme no caminho do Senhor; por essa razão, mesmo na prisão, "o SENHOR estava com ele e o tratou com bondade, concedendo-lhe a simpatia do carcereiro" (Gênesis 39:21).

A maior bênção para quem vive em comunhão com Deus é a certeza da presença do Senhor. Ele está presente em sua vida? Deus estava com José. Apesar dos aparentes fracassos (venda como escravo, calúnia, prisão, esquecimento no cárcere), mesmo assim Deus estava com ele. Quantas vezes acontece dessa maneira conosco? Quantas vezes perguntamos onde está Deus? Por que tudo isso me está acontecendo? Às vezes Deus está nos preparando para maiores bênçãos no futuro. Quanto maior o problema, maior a ação de Deus na vida daqueles que o amam e o buscam. José parecia estar só, mas o Senhor o assistia e estava ao seu lado.

O que fazer?

Gosto de ler biografias. Conhecer a história de grandes personagens que viveram com sabedoria e que fizeram a diferença. Algumas são extensas, outras são narradas com poucas palavras. Na Bíblia, encontramos várias. A meu ver, há uma delas que se destaca; conta a história de um homem em apenas catorze palavras: "Enoque andou com Deus; e já não foi encontrado, pois Deus o havia arrebatado" (Gênesis 5:24). Quantas palavras vão escrever sobre nós, quando deixarmos este mundo? Não é o número de palavras que faz uma grande biografia, mas o valor do que se diz. A biografia completa de Enoque abrange quatro versículos (Gênesis 5:21-24). Na tradução da Bíblia que utilizamos, a Nova Versão Internacional, a biografia completa tem aproximadamente quarenta palavras e quatro informações: (1) nome do filho, Matusalém; (2) menção a outros filhos, pois gerou outros filhos e filhas; (3) tempo de vida, viveu ao todo 365 anos; e (4) fé, "Enoque andou com Deus; e já não foi encontrado, pois Deus o havia arrebatado". Além desses detalhes, tudo mais que sabemos sobre esse personagem é que era filho de Jarede (Gênesis 5:18). A biografia de Enoque é uma das menores, porém uma das maiores de toda a história.

Cada vez que visito um cemitério aproveito para ler uns epitáfios — alguns são bem sugestivos. Enquanto os leio, penso no que escreverão a meu respeito quando eu já não estiver mais por aqui. Você já pensou no que vão dizer sobre você, depois de sua partida? Mesmo não havendo convivido com Enoque, mesmo não tendo informações sobre como ele era e o que fazia, gostaria muito de conhecer alguém tão diferente quanto ele; alguém que andou tanto com Deus que chegou ao ponto de simplesmente não ser mais visto, porquanto Deus o tomou. A profundidade da comunhão com Deus nos faz diferentes; andando com ele não somos mais vistos como antes.

Pare e pense

"Não se amoldem ao padrão deste mundo, mas transformem-se pela renovação da sua mente, para que sejam capazes de experimentar e comprovar a boa, agradável e perfeita vontade de Deus" (Romanos 12:2).

Que tal voltarmos a pensar em Daniel? Ele e seus amigos não se amoldaram aos padrões impostos pelo rei; não abriram mão do valor maior, a comunhão com Deus; sabiam que para viver em comunhão com o Senhor precisavam conservar uma vida de santidade, sem se contaminar com nenhum detalhe que os pudesse prejudicar. Assim, ele e seus amigos fizeram a diferença. Temos feito a diferença vivendo com Deus?

Torne esse texto real em sua vida

- "Não se amoldem ao padrão deste mundo…" → Quero ser diferente e, para isso, preciso, com a força do Senhor, vencer todas as tentações e os ataques do mundo. Quero agir não como os outros agem, mas considerando os valores do Reino de Deus.
- "…mas transformem-se pela renovação da sua mente…" → Preciso, na comunhão com o Senhor, ser transformado a cada dia, em contínuo processo de santificação, pela renovação da minha mente. Isso significa que vou deixar Deus agir pelo meu viver.
- "…para que sejam capazes de experimentar e comprovar a boa, agradável e perfeita vontade de Deus." → Só assim serei capaz de provar que a vontade de Deus é boa, agradável e perfeita, vivendo essa experiência em meu dia a dia.

Capítulo 21

Dinheiro faz bem: como não?

Deus me fez prosperar na terra onde tenho sofrido.
— Gênesis 41:52

Que testemunho belo o de José! Ele apresentava o significado dos nomes que havia dado a seus dois filhos: "Ao primeiro, José deu o nome de Manassés, dizendo: 'Deus me fez esquecer todo o meu sofrimento e toda a casa de meu pai.' Ao segundo filho chamou Efraim, dizendo: 'Deus me fez prosperar na terra onde tenho sofrido'" (Gênesis 41:51,52). Prosperidade foi algo presente na vida de José. Sua história começou quando ele era um rapaz de dezessete anos. Apesar de ser o penúltimo dos irmãos, era privilegiado pelo pai, que gostava mais dele do que de qualquer outro filho, "por isso mandou fazer para ele uma túnica longa" (Gênesis 37:3). No entanto, esse destaque não durou muito: os irmãos, movidos pela inveja, venderam José, e ele foi levado ao Egito, onde foi revendido como escravo. A história diz que José "prosperou e passou a morar na casa do seu senhor egípcio" (Gênesis 39:2). O sr. Potifar, o oficial que comprou José, descobriu que "o Senhor [...] o fazia prosperar em tudo o que realizava" (Gênesis 39:3). Com certeza, a prosperidade de um escravo estrangeiro não se harmonizava com riqueza material, tanto que logo depois José foi caluniado e preso. A declaração do nosso texto foi feita anos depois, depois de José haver sido elevado à condição de segundo mandatário do Egito. Olhando para o passado, a partir de sua própria história e das experiências vividas, ele podia afirmar: "Deus me fez prosperar na terra onde tenho sofrido" (Gênesis 41:52). Em uma terra aonde chegou na condição de escravo e, depois, de encarcerado, se tornou o mais importante dos assessores de Faraó.

Qual o significado de *prosperar*? Podemos compreender no sentido de *dar certo*: "O Eterno estava com José, e tudo dava certo para ele" (Gênesis 39:2 MSG). Outra tradução traz a ideia de *ser bem-sucedido*: "O Senhor estava com José e fazia com que tudo lhe corresse pelo melhor" (Gênesis 39:2 TRAD. INTERCONFESSIONAL). O sentido que aqui focalizamos é o de *tornar-se rico, ter êxito nos negócios materiais*. Naturalmente, quando José deu nomes tão significativos aos seus dois filhos, a prosperidade em sua vida incluía também uma melhora na vida financeira.

Ser próspero financeiramente não deve ser visto como algo antagônico à vida de comunhão com Deus. A virtude não está em se acomodar com a pobreza, mas em saber lutar honestamente para prosperar e abençoar o Reino de Deus, ajudando aqueles que tanto necessitam. Dinheiro não é o entrave, o problema é transformá-lo na coisa mais importante na vida. A Bíblia deixa isso bem claro em 1Timóteo 6:10.

O dinheiro faz bem quando usado para glorificar Cristo. O evangelista Lucas registra a presença de algumas mulheres que o ajudaram financeiramente: "Jesus ia passando pelas cidades e povoados proclamando as boas novas do Reino de Deus. Os Doze estavam com ele, e também algumas mulheres que haviam sido curadas de espíritos malignos e doenças [...] Essas mulheres ajudavam a sustentá-los com os seus bens" (Lucas 8:1-3). Há muita gente abastada que não só tem sido abençoada com bens, mas também tem alcançado o bem maior de poder, com o dinheiro, ajudar a muitos, principalmente aos que se dedicam à difusão do evangelho e que às vezes passam por necessidades materiais.

Lembro-me de quando recebi o convite para participar como pregador, durante duas semanas, de evangelização em Portugal. Estava a ponto de vender o meu carro para comprar as passagens quando um

Viver com Deus é uma bênção

empresário cristão ficou sabendo por um dos meus familiares e logo se prontificou a custear todas as minhas despesas, para que eu não ficasse sem o veículo, que era um instrumento de trabalho. À época, uma distância de quase 5 mil quilômetros nos separava; havíamos nos encontrado algumas vezes, mas não tínhamos o que se pudesse chamar de uma grande amizade. Ele tinha razões de sobra para não se envolver com aquela viagem, para a qual nem havia sido desafiado a colaborar; entretanto, deixando de lado tudo que pudesse servir de embaraço (simplesmente constrangido pelo amor de Jesus), ele se dispôs a colocar seus recursos naquela empreitada. Fiquei admirado ao receber o recado desse irmão, com a promessa de que iria ao meu encontro e dizendo que eu ficasse certo de que Deus já providenciara todos os recursos para a minha viagem missionária. Alguns dias depois, quando ele me passou o cheque com a quantia além do necessário para a cobertura das minhas despesas, eu lhe disse: "Não tenho palavras para agradecer ao irmão." Ele interveio, afirmando: "Não estou lhe fazendo nenhum favor. O meu dinheiro já atravessou o Atlântico algumas vezes com a finalidade de ganhar mais dinheiro, esta é a primeira vez que ele atravessa para ganhar vidas. O senhor vai porque Deus está lhe enviando, e eu estou patrocinando porque Deus está me mandando."

Ser rico assim vale a pena! Ser rico sem amar o dinheiro; ser rico amando e obedecendo cada vez mais ao nosso Deus, que nos dá a saúde e todo o sustento de que necessitamos. O valor do dinheiro não está só em podermos possuí-lo, mas em sabermos usá-lo. Veja o que afirmou Salomão: "De que serve o dinheiro na mão do tolo, já que ele não quer obter sabedoria?" (Provérbios 17:16). Salomão também advertiu aqueles que nunca se fartam, por mais abastados que sejam: "Quem ama o dinheiro jamais terá o suficiente; quem ama as riquezas jamais ficará satisfeito com os seus rendimentos. Isso também não faz sentido" (Eclesiastes 5:10).

O exemplo do meu amigo que patrocinou minha viagem missionária, ao contrário, é o de alguém que aprendeu a utilizar sabiamente o dinheiro, sem se deixar escravizar por ele; alguém que, por mais que possua riquezas materiais, sabe que a nossa segurança está na nossa comunhão com Deus; alguém que tem vivido o princípio bíblico: "Conservem-se livres do amor ao dinheiro e contentem-se com o que vocês têm, porque Deus mesmo disse: 'Nunca o deixarei, nunca o abandonarei'" (Hebreus 13:5). Pode haver valor maior do que sabermos que o Senhor está conosco sempre?

Almejar riquezas materiais faz parte do nosso esforço (todos nós almejamos um futuro melhor), mas devemos seguir sabendo que "as mãos preguiçosas empobrecem o homem, porém as mãos diligentes lhe trazem riqueza" (Provérbios 10:4). Significa que é no trabalho honesto, com a bênção do Senhor, que progredimos financeiramente. Devemos ter em mente, então, que "é melhor ter pouco com o temor do Senhor do que grande riqueza com inquietação" (Provérbios 15:16).

O que é fundamental?

Utilizar o dinheiro como simples meio para aquisição do que é necessário, cuidando para ajudar aos mais necessitados e evitar que o consumismo domine a minha vida.

A pessoa rica tem fartura de bens materiais, mas essa abastança financeira não satisfaz a necessidade espiritual, pois só a comunhão com Deus supre essa deficiência.

Existe algo melhor do que podermos louvar a Deus? Dinheiro nenhum é capaz de comprar essa capacidade, que dá razão e alegria ao nosso viver. Dinheiro só tem sentido quando o usamos para adquirir o que nos é necessário, sem nos escravizarmos a ele e sem deixarmos que ele seja o mais importante de nossa vida. Tenho um amigo que prosperou muito nos negócios. Depois de sofrer um atentado e ficar entre a vida e a morte, ele disse que um grande milagre estava para acontecer. Em meio a uma maratona de UTIs, salas de cirurgia e muita dor, Deus fez uma grande obra em sua vida, colocou nele um novo coração, agora totalmente pertencente a Jesus. Coração dedicado a Deus e a seu Reino.[9]

Ao se recuperar, ele resolveu que Deus seria o seu sócio majoritário, com 90% de todo o lucro líquido, montante que deveria ser gasto na promoção do Reino de Deus, não na manutenção do "reino" que até então construíra. Com esse propósito em mente, começou a nova empreitada, a Missão IDE, deixando a posição de empresário e assumindo a vocação de missionário. Na reunião de abertura do novo negócio, ele afirmou: "Para muitos sou louco, porém para Deus estou cumprindo o 'ide'. Nunca estive tão certo de estar agindo no centro da vontade de Deus. Não vim a este mundo para ficar. Minha morada está garantida no Céu, e para lá não vou levar NADA. Portanto, tudo o que tenho pertence ao meu Deus."[10]

Há catorze anos, o missionário Josias (como tem se tornado conhecido) tem viajado por todo Brasil, visitando igrejas, testemunhando e pregando a mensagem da salvação. Deus tem usado a vida desse irmão poderosamente, pois pelo seu testemunho muitos têm sido salvos. A Missão IDE apoia financeiramente vários ministérios, desde o preparo ministerial em seminários até a construção de templos para igrejas e congregações que necessitam de ajuda.

Dinheiro faz bem: como não? O mal não está no dinheiro, porém no mau uso que muitas pessoas fazem dele. Quem insiste em não utilizar os seus bens como simples meio à aquisição do que é necessário, corre o risco de findar sem recursos até mesmo para as necessidades básicas.

Ajudar aos mais necessitados é um grande desafio. Conheço uma família que viveu extraordinária experiência nesse sentido. Um casal amigo deles, mesmo não sendo rico, ofertou-lhes quantia bastante significativa. A justificativa foi: "Nós pedimos a Deus que nos abençoasse e

---

[9]NOSSA história. *Missão IDE*, Manaus. Disponível em: <http://missaoide.org/nossahistoria.php>. Acesso em: 3 nov. 2012.

[10]Id. ibid.

prometemos que repartiríamos a bênção com vocês." Que gesto admirável! Eles deram sem que tivesse havido qualquer pedido, ofertaram tão somente pela sensibilidade de constatar que podiam abençoar alguém. Jesus disse: "Deem, e lhes será dado: uma boa medida, calcada, sacudida e transbordante será dada a vocês" (Lucas 6:38).

O que fazer?

- Você se considera uma pessoa rica? Tente arrolar os bens que foram adquiridos e que podem ser adquiridos com dinheiro; agora, faça outra lista com os valores que você tem e que o dinheiro não pode comprar. Comece lembrando-se de sua própria vida, pois estar vivo é uma grande dádiva do Criador.
- Como você tem gasto os valores que Deus lhe tem dado? Mais uma vez, lembramos que nada é mais valioso do que a comunhão com o Senhor. Vale a pena pedir ao Pai Celestial que, junto com as riquezas materiais, nos dê a riqueza autêntica, que vem dele e que só por meio de Jesus Cristo pode ser encontrada. Peça também que ele dê novo sentido aos bens materiais que você tem.
- Assuma o compromisso de trabalhar honestamente e com todo o empenho, sempre buscando a orientação divina para o seu labor diário.
- Firme o propósito de utilizar o seu dinheiro com sabedoria, lembrando que há muitas pessoas necessitadas que precisam de ajuda.
- Coloque em primeiro lugar os valores espirituais, não fazendo do dinheiro a razão de sua existência.

Pare e pense

"Os que querem ficar ricos caem em tentação, em armadilhas e em muitos desejos descontrolados e nocivos, que levam os homens a mergulharem na ruína e na destruição, pois o amor ao dinheiro é a raiz de todos os males. Algumas pessoas, por cobiçarem o dinheiro, desviaram-se da fé e se atormentaram a si mesmas com muitos sofrimentos" (1Timóteo 6:9,10).

Coloque-se diante de Deus

Tentações e armadilhas independem da nossa situação financeira, pois tanto os ricos quanto os pobres são tentados. O apóstolo Paulo chama a atenção para algumas tentações e armadilhas que estão diante das pessoas mais prósperas. Quem quiser ser rico e ser feliz precisa ter em mente que a felicidade não está no que possuímos, mas na disposição de colocarmos tudo o que temos a serviço do nosso Deus, visando abençoar outras pessoas.

Torne esse texto real em sua vida

- "Os que querem ficar ricos caem em tentação…" → Para vencer a tentação, precisamos nos aproximar cada vez mais do Senhor, a fim de, revestidos do Poder do Espírito Santo, buscarmos ser ricos não só materialmente, mas também diante de Deus, no propósito de viver em comunhão com ele.

- "…em armadilhas e em muitos desejos descontrolados e nocivos…" → A principal armadilha vem do pensamento irreal de que a riqueza garante toda a nossa felicidade. Os desejos descontrolados e prejudiciais são aqueles que levam a ações intempestivas. Por isso, devemos orar e pedir a Deus que nos dê forças para não cairmos nessas ciladas e controlarmos os nossos desejos, a fim de que sejam sempre agradáveis ao Senhor e úteis ao nosso próximo.

- "…que levam os homens a mergulharem na ruína e na destruição…" → Nosso propósito deve ser o de vivermos de tal modo firmados na Palavra de Deus que jamais nos afastaremos do plano que o Criador tem para nós. Devemos procurar viver sempre sabendo que apenas em comunhão com Deus nos livramos da ruína e da destruição; assim, seguimos firmes no caminho da realização completa.

📖 "...pois o amor ao dinheiro é a raiz de todos os males." → Que o Senhor nos ajude a usar simplesmente os nossos recursos materiais, sem nos deixar perder a visão de que o nosso amor deve ser a ele e ao nosso próximo. Devemos ser bondosos, altruístas, colaboradores e generosos de tal modo que o nosso dinheiro cresça sempre destinado a abençoar, nunca a causar males.

📖 "Algumas pessoas, por cobiçarem o dinheiro, desviaram-se da fé..." → Senhor — prossigamos em oração —, que toda a ambição interesseira seja substituída pela autêntica submissão, a qual me leva a usar o dinheiro para me aproximar mais de Deus, a fim de nunca me desviar da fé.

📖 "e se atormentaram com muitos sofrimentos." → Ajuda-nos a usar sabiamente o dinheiro, para que resulte em alegria e não em agonia.

Capítulo 22

Alegre todo o tempo

Alegrem-se sempre no Senhor. Novamente direi: Alegrem-se!
— *Filipenses 4:4*

O meu avô materno faleceu na madrugada de um domingo de carnaval, e na tarde daquele mesmo dia saímos para sepultá-lo. Ele residia em uma cidade interiorana, e as ruas estavam repletas de blocos carnavalescos. Nosso cortejo fúnebre seguia a pé o trajeto de algumas quadras, até o cemitério. Em poucos minutos vivemos uma situação inusitada. Os blocos foram chegando em alarmante folia, e logo ficamos por eles ladeados. Naquele momento de dor, podia-se observar o contraste — eles pulavam na folia e nós caminhávamos em lágrimas. Pensando nesse aparente contraste, levantei a indagação: onde está a alegria? E descobri que, por mais paradoxal que parecesse, a alegria não estava com os que pulavam na folia, mas com aqueles que, mesmo caminhando para o cemitério, o faziam na certeza de que, embora o choro possa durar uma noite, a alegria vem pela manhã, pois os que creem em Cristo, ainda que estejam mortos, viverão.[11]

Viver alegre todo o tempo é uma grande bênção, mas só pode ser alcançada quando o foco da nossa vida está em Deus. O salmista Davi oferece uma fórmula: "Coloca a tua alegria em Iahweh e ele realizará

---

[11]MORAES, 2010, p. 193.

os desejos do teu coração" (Salmos 37:5 bj). E não é a realização dos nossos planos que nos alegra?!

Em outras palavras, a alegria é constante quando a fé em Deus é firme. Precisamos reconhecer que para sempre o Senhor é Deus (Salmos 90:2). Exemplo notável é o do profeta Habacuque, que declarou:

> Mesmo não florescendo a figueira, e não havendo uvas nas videiras; mesmo falhando a safra de azeitonas, não havendo produção de alimento nas lavouras, nem ovelhas no curral nem bois nos estábulos, ainda assim eu exultarei no Senhor e me alegrarei no Deus da minha salvação. O Senhor Soberano é a minha força; ele faz os meus pés como os do cervo; ele me habilita a andar em lugares altos. (Habacuque 3:17-19)

Outro exemplo é o do apóstolo Paulo, no texto que inicia o capítulo. Tendo aparentemente tudo para não estar alegre, ao expressar sua realização e alegria, recomenda: "Alegrem-se sempre no Senhor. Novamente direi: Alegrem-se!" (Filipenses 4:4). Quando focamos o nosso viver em Deus, ainda que em determinados momentos não estejamos alegres, somos realmente felizes o tempo todo. Perceba que não nos alegramos em Deus porque tudo vai bem, mas pela certeza de que Deus é Deus e de que ele está cuidando de nós.

Para viver sempre alegre, você precisa seguir com Deus, sem se irritar com o progresso de quem quer que seja. Foi Davi quem declarou: "Não se aborreça por causa dos homens maus e não tenha inveja dos perversos [...] Descanse no Senhor e aguarde por ele com paciência; não se aborreça com o sucesso dos outros, nem com aqueles que maquinam o mal. Evite a ira e rejeite a fúria; não se irrite: isso só leva ao mal" (Salmos 37:1,7,8).

A alegria permanente não acontece como um passe de mágica nem em um piscar de olhos ou estalar de dedos. É uma conquista! Conforme temos visto, Jesus pagou o preço da nossa liberdade, ele abriu o caminho que nos dá acesso a Deus. Quando somos alcançados por ele, quando o amor dele enche a nossa vida, aprendemos a ver com os olhos da fé e somos por ele capacitados a viver alegremente de verdade. E quanto mais nos aproximamos dele, mais vamos conhecendo e vivenciando o que há de melhor na vida. Foi Jesus mesmo quem garantiu: "Certamente vocês chorarão e se lamentarão, mas o mundo se alegrará. Vocês se entristecerão, mas a tristeza de vocês se transformará em alegria" (João 16:20).

As pessoas que vivem distantes de Deus tentam experimentar a alegria nos prazeres oferecidos pelo mundo; no entanto, quando vivemos diante de Deus, buscamos a verdadeira alegria, aquela que só ele pode nos dar. A alegria sem Deus tende a terminar em tristeza; a alegria que vem de Deus não desaparece, mesmo na tristeza.

O que é fundamental?

Viver a verdadeira alegria, que apenas pela fé em Jesus, o Filho de Deus, pode ser encontrada; somente assim poderei ser feliz em todos os momentos da vida.

Fanny Crosby ficou cega quando era bem nova; tinha tudo para ser uma pessoa triste, mas sua comunhão com Deus a levou a viver uma vida de realização, falando sempre nas bênçãos do Senhor, no amor de Jesus e na alegria de poder cantar. Dos inúmeros hinos que escreveu, vários falam sobre sua alegria e gratidão a Deus: "Canta, minha alma! Canta ao Senhor! Rende-lhe sempre ardente louvor."[12]

Outra história que tem muitas lições a nos ensinar é a do norte-americano Horatio Spaford, um advogado e professor universitário bem-sucedido, casado e pai de cinco filhos. Sua primeira grande perda foi a morte do único filho homem. Depois, com os problemas na cidade de Chicago, onde residia, perdeu todos os investimentos imobiliários. A esposa viajou com as quatro filhas à Europa; o navio *Ville du Havre*, no qual viajavam, naufragou. Ele recebeu um telegrama da mulher: "Salva

---

[12]MULHOLLAND, 2001, p. 187.

só. Crianças perdidas. Que farei?" Depois dessa terrível adversidade, ele escreveu um hino, cuja tradução para o português diz:

> Se paz a mais doce eu puder desfrutar,
> se dor a mais forte sofrer,
> oh! seja o que for, tu me fazes saber
> que feliz com Jesus, sempre sou.
> Sou feliz com Jesus.
> Sou feliz com Jesus, meu Senhor.[13]

O que fazer?

Viver e expressar a verdadeira alegria, quando teríamos tudo para estar tristes. Mesmo parecendo ser um desafio inatingível para muitos, isso será plenamente possível para quem vive em comunhão com Deus; só assim podemos alcançar tão elevado padrão de vida. Somente Deus pode nos dar forças para seguirmos alegres, independentemente das circunstâncias. Tenho visto muitas pessoas que, ao perderem os entes mais queridos, cantam enquanto choram. Em alguns funerais, pessoas enlutadas, com o rosto banhado em lágrimas, são capazes de cantar hinos como o de Horatio Spaford: "Sou feliz, com Jesus. Sou feliz, com Jesus, meu Senhor." No entanto, isso só é possível pela fé. A nossa fé em Deus nos dá condições de tirar os olhos do problema, nos permitindo ver de que maneira o Senhor pode solucioná-lo. Somente em comunhão com Jesus podemos viver a alegria que supera a dor e a aflição. E quando a agonia, consequência de uma crise insolúvel, leva à crença absoluta, ela desperta a fé, que faz brotar a alegria — essa é a fé, tão profunda que se expressa mesmo na pior angústia. O mundo precisa dessa alegria, que se faz presente mesmo na tristeza. O mundo precisa ouvir a música cantada por aqueles que são capazes de louvar a Deus quando teriam razão para se calar.

---

[13]Idem. p. 257.

Mas, então, o que fazer?

- Examine agora a sua vida. Diante de Deus, tente descobrir como você tem agido perante os problemas. "Estou vivendo sempre alegre no meu relacionamento com Deus?"
- Questione a sua satisfação espiritual: "Tenho me alegrado por tudo o que Deus tem feito em minha vida?"
- Pense também no outro lado dessa questão: "Deus está satisfeito com o modo como estou vivendo? Tenho demonstrado gratidão? Tenho vivido para a honra e a glória do nome dele?"

Nosso ideal maior deve ser o de, ao chegar diante de Deus, poder ouvi-lo falar: "Estou satisfeito com você; sua vida honrou o meu nome." Que tal estabelecer metas capazes de ajudá-lo a viver uma vida de completa alegria?

- Quero viver na certeza de que as bênçãos de Deus são incomparáveis a quaisquer outros valores.
- Peço a Jesus que transforme a minha vida, mude o centro do meu viver e me dê a alegria que vem dele, a qual ninguém pode tirar.
- Confesso que Jesus me satisfaz e quero que essa realidade domine o meu viver.

Pare e pense

"Aprendi a viver contente em toda e qualquer situação. Tanto sei estar humilhado, como também ser honrado; de tudo e em todas as circunstâncias, já tenho experiência, tanto de fartura, quanto de fome; assim de abundância como de escassez" (Filipenses 4:11,12 ARA).

Coloque-se diante de Deus

Quando aprendemos a nos alegrar com o que Deus nos dá, aprendemos, na verdade, o segredo da vida feliz: não é quem mais tem quem se realiza, porém aquele que sabe se alegar com o pouco que está ao seu dispor.

Torne esse texto real em sua vida

📖 "Aprendi a viver contente em toda e qualquer situação." → Preciso aprender a me adaptar às diversas situações da vida, por mais desfavoráveis que sejam. Independentemente da situação, meu desejo é nunca reclamar pelo que não tenho, mas valorizar tudo o que Deus tem me dado.

📖 "Tanto sei estar humilhado, como também ser honrado..." → Quero me comportar com toda a dignidade não só nos momentos em que estiver recebendo honras, mas também nas ocasiões em que críticas, perseguições e humilhações se levantarem contra mim.

📖 "...de tudo e em todas as circunstâncias, já tenho experiência..." → Careço me desenvolver no meu relacionamento com Deus até ter a maturidade capaz de me fazer experiente em todos os momentos e situações.

📖 "...tanto de fartura, quanto de fome; assim de abundância como de escassez." → Peço a Deus não só que a fartura não me torne convencido e que a fome não me deixe entristecido, mas também que eu conserve tanto a sensibilidade de ajudar aos que precisam quanto a força para ir além dos problemas.

Capítulo 23

Em paz na aflição

Deixo-lhes a paz; a minha paz lhes dou. Não a dou como o mundo a dá.
Não se perturbem os seus corações, nem tenham medo.
— João 14:27

Você vive em paz? Viver em paz é o grande desejo de todos nós. Os povos buscam a paz e entram em guerra se não a encontram. Tratados de paz têm sido assinados, porém sem grandes resultados: não há paz na terra. A realidade é que a paz só pode ser alcançada pela fé. A Palavra de Deus afirma: "Justificados pela fé, temos paz com Deus, por nosso Senhor Jesus Cristo" (Romanos 5:1). Sabe o que isso significa? Jesus pagou o preço do nosso resgate; sem ele, as pessoas estão condenadas à morte, que é a recompensa do pecado. Veja a seguinte afirmação de Paulo: "Foi do agrado de Deus que [...] por meio dele [Jesus] reconciliasse consigo todas as coisas, tanto as que estão na terra quanto as que estão no céu, estabelecendo a paz pelo seu sangue derramado na cruz" (Colossenses 1:19,20).

Quando pela fé entregamos a vida a Jesus, o nosso coração é inundado pela paz verdadeira, que nos capacita a viver com calma, mesmo nas tempestades. E talvez você pergunte: o que vem a ser, mesmo, paz na aflição?

É a paz que Jesus oferece. Ele diz: "A minha paz lhes dou." O problema é que muita gente prefere viver distante do Senhor. Paz na aflição é ser alegre quando parece não haver razão nenhuma para a alegria; é ser capaz de construir, tendo todo o seu mundo significativo desmoronando; é ter a capacidade de, perdendo tudo, ainda continuar com tudo; é desenvolver a fé em Jesus mesmo quando muitos a abandonariam; é sentir Deus por perto quando todos acham que ele está longe.

Infelizmente, há indivíduos aparentemente sem problemas que em tese teriam todo o necessário para viver em paz; contudo, vivem verdadeiramente em grande conflito e dariam tudo para experimentar um pouco da paz que algumas pessoas, mesmo visivelmente desprovidas de recursos materiais, têm com fartura. Paz na aflição não é a isenção de problemas, mas a certeza de que Deus os resolve.

Às vezes, relacionamos paz com quietude, tranquilidade, calmaria. No entanto, há muitas pessoas aposentadas (ou mesmo jovens) sem o compromisso do trabalho, sem a responsabilidade de cumprir horários, sem precisar batalhar para conseguir o pão de cada dia, que mesmo assim, com todo o tempo, não têm paz, vivem ansiosas, afobadas e estressadas. Paz, então, não é a garantia da calmaria, mas a certeza de que Deus está no controle.

Há pessoas materialmente carentes tentadas a pensar que conseguir um bom trabalho e alcançar melhor situação financeira é a chave para viver em paz. Eu lhes asseguro que algumas das pessoas mais ricas em paz que já conheci estavam entre as mais necessitadas de recursos financeiros; entretanto, já conheci muita gente rica sem paz. Não é a fartura material que nos faz viver em paz, mas a tranquilidade de saber que o Senhor cuida de nós.

Há muita gente inquieta e insatisfeita neste mundo. Você conhece alguém assim? Geralmente essas pessoas dizem que viveriam em paz se pudessem ter satisfeitos os seus grandes desejos. "Se os meus sonhos pudessem se tornar realidade, eu viveria em paz." Precisamos ter em mente, contudo, que a paz autêntica não está na satisfação dos nossos desejos, mas na aceitação da vontade de Deus. Quando vivemos em comunhão com o Senhor, nossos planos deixam de ser pessoais e egoístas, tornam-se alinhados ao querer do Criador, e assim vivemos em paz. Jesus deixou isso bem claro, ao afirmar que a paz que nos oferece é diferente da paz que o mundo dá: "Não a dou como o mundo a dá. Não se perturbe o seu coração, nem tenham medo" (João 14:27).

Com Jesus não há mais nenhuma razão para a aflição e o medo. Ele assegura: "Não se perturbe o coração de vocês. Creiam em Deus; creiam também em mim" (João 14:1). Mais uma vez, a importância da fé: precisamos crer em Deus para ter tranquilidade de coração, para ter a paz — a paz que vem de Deus, que nos faz vencer o medo. Mesmo quando a ameaça de mau tempo parece próxima devemos seguir confiantes, certos de que somos vitoriosos quando estamos com Jesus. Como diz Paulo:

> Os nossos sofrimentos atuais não podem ser comparados com a glória que em nós será revelada [...] Sabemos que Deus age em todas as coisas para o bem daqueles que o amam, dos que foram chamados de acordo com o seu propósito [...] Se Deus é por nós, quem será contra nós? [...] Em todas essas coisas somos mais que vencedores, por meio daquele que nos amou. Pois estou convencido de que nem morte nem vida, nem anjos nem demônios, nem o presente nem o futuro, nem quaisquer poderes, nem altura nem profundidade, nem qualquer outra coisa na criação será capaz de nos separar do amor de Deus que está em Cristo Jesus, nosso Senhor.
>
> (Romanos 8:18,28,31,37-39)

O que é fundamental?

Viver no meu dia a dia a paz completa que Jesus oferece e que só ele é capaz de nos conceder neste mundo em agonia e cheio de conflitos onde vivemos.

Paz é uma bênção que recebemos de Deus para repartir uns com os outros. Ela não é algo que alguém possa guardar para si mesmo, mas uma dádiva divina que só deve ser vivida se compartilhada com aqueles que nos cercam. Paz de cemitério não tem sentido para nós, que estamos vivos! A paz que Jesus nos dá é vista na força para enfrentar situações difíceis, na paciência para responder a humilhações, na compreensão e no respeito para com todos os que nos cercam, na bondade para responder o mal com o bem, na prudência para evitar revidar ofensas, e no propósito de interceder em favor da paz, pedindo a Deus que as pessoas conheçam e firmem um compromisso com Jesus, o Príncipe da Paz.

O que fazer?

Já está claro que, quando encontramos a paz que nos é oferecida por Jesus, somos desafiados a compartilhá-la. Isso só é possível quando buscamos viver uma vida de identificação com Jesus, quando o Espírito Santo de Deus passa a dominar o nosso pensamento e as nossas atitudes. A paz é fruto do Espírito Santo em nós: "O fruto do Espírito é amor, alegria, paz, paciência, amabilidade, bondade, fidelidade, mansidão e domínio próprio" (Gálatas 5:22,23). Lembre-se das pessoas com quem convive e tente responder às perguntas a seguir.

- A minha presença leva paz aonde vou? Alegra ou entristece o ambiente onde estou?
- O meu propósito com vizinhos, colegas, amigos e demais conhecidos tem sido o de promover a paz? Quando duas pessoas que conheço estão com problemas ou têm alguma pendência, como eu me comporto?

O evangelho é o evangelho da paz. Não dá para viver em comunhão com Deus sem viver em paz, sem promover a paz. Vejamos alguns passos a serem trilhados:

- Vou me firmar na Palavra de Deus cada vez mais a fim de, seguindo o exemplo de Jesus, fazer minha parte para viver em paz com todas as pessoas que estão ao meu redor.
- Em oração, pedirei a Deus que me capacite a ajudar aqueles que precisam encontrar a paz.

Pare e pense

"Eu lhes disse essas coisas para que em mim vocês tenham paz. Neste mundo vocês terão aflições; contudo, tenham ânimo! Eu venci o mundo" (João 16:33).

Coloque-se diante de Deus

A paz que Jesus oferece não nos isenta das aflições do mundo, mas nos enrijece para seguirmos com ânimo, sabendo que nele somos vitoriosos.

Torne esse texto real em sua vida

- "Eu lhes disse essas coisas para que em mim vocês tenham paz." → Necessito ouvir cada vez mais tudo o que o Senhor tem a me falar pela Palavra dele. Conservarei os meus ouvidos atentos para escutar tudo o que ele tem a me dizer; para tanto, vou ler e meditar na Bíblia todos os dias. Somente assim, crescendo no conhecimento dele, terei paz.
- "Neste mundo vocês terão aflições; contudo, tenham ânimo!" → Pensar que vivendo em comunhão com Deus não terei mais problemas é ilusório. Jesus mesmo me alerta quanto a isso; estou no mundo, sujeito aos mesmos problemas que as demais pessoas, mas a presença dele me dá ânimo para prosseguir.
- "Eu venci o mundo." → Jesus venceu totalmente. Sua ressurreição é a garantia da completa vitória para todos os que o amam e o buscam de coração. Por essa razão, quero seguir os passos dele todos os dias da minha vida.

Capítulo 24

Nada me faltará

O Senhor é o meu pastor; de nada terei falta.
— *Salmos 23:1*

Eu tinha menos de trinta anos quando assumi meu segundo pastorado. A igreja era grande e exigente, e eu, jovem e imaturo, necessitando aprender sobre o dia a dia, a vida espiritual e, especialmente, sobre o exercício do trabalho pastoral. A inexperiência me deixava assustado com cada nova situação que surgia. Eu vivia cercado de carências, mas de tudo o que me faltava, o que mais me incomodava mesmo era a falta de desenvoltura no trabalho que me estava sendo confiado. E isso me causava uma timidez terrível.

Certo dia, fui informado de que, entre as pessoas que eu tinha aos meus cuidados como pastor, havia uma senhora com hanseníase. Na época, a palavra usada era "lepra" e o hanseniano (leproso), a pessoa acometida pela doença, era posta em isolamento, para evitar o contágio. A irmã que me contou sobre essa enferma me alertou claramente para um detalhe: ela fazia parte do grupo de fiéis que estavam sob os meus cuidados e eu era responsável por visitá-la. Não era fácil para um jovem pastor iniciante.

Junto com a informação vieram alguns detalhes: aquela irmã enferma, em decorrência da hanseníase, perdera a visão, a capacidade de locomoção e ainda ficara com os dedos das mãos paralisados. Foi assim que eu, minha esposa e a irmã que nos informou sobre a mulher doente a encontramos: cega, paralítica e com as mãos imóveis.

Minha preocupação maior era saber o que falar para alguém tão limitado, tão carente. Em meu bacharelado em teologia, havia cursado disciplinas voltadas para o cuidado pastoral, mas naquele momento eu me achava completamente leigo. O que dizer para alguém tão necessitado? Que passagem bíblica seria mais adequada? Eu havia escolhido alguns versículos bíblicos, mas, diante de tanto sofrimento, nenhum deles parecia apropriado.

No entanto, o que parecia pior (ou melhor?) ainda estava por vir. Um quadro na parede, pouco acima da cabeça da irmã Carmem, a enferma, me deixou enormemente impactado. Eram apenas nove palavras e eu as conhecia desde menino, mas naquele momento elas saltaram diante de mim, exigindo explicação. O quadro dizia: O SENHOR É O MEU PASTOR; NADA ME FALTARÁ. Tantas vezes eu recitara essas palavras, mas agora elas pareciam me incomodar; como compreendê-las em um lugar onde aparentemente falta tudo e diante de alguém cercada das maiores carências físicas?

Ainda bem que eu não precisei falar de imediato. A irmã que estava conosco nos apresentou, dizendo que eu era o novo pastor da igreja. Dona Carmem ficou tão alegre que começou a nos contar das bênçãos de Deus na vida dela. Realmente, do ponto de vista humano, ela tinha tudo para ser amargurada e infeliz, mas sua comunhão com Deus lhe deu novas perspectivas e uma esperança inabalável. Ela nos contou sua história, sem nenhum resquício de lamentação, tristeza e, muito menos, autocomiseração. Ela era jovem quando foi acometida pela hanseníase. Como os recursos para o combate dessa enfermidade naquela época eram escassos, mencionou haver se privado das coisas de que mais gostava de fazer: gostava de ler, mas estava cega; gostava de andar, mas estava presa àquela cadeira; gostava de tocar piano, mas estava com os dedos paralisados. Ela era pianista, e seu plano era tornar-se concertista. Posso me lembrar de como ela contava sua experiência.

Falava de tal modo que a todos admirava e inspirava. Podíamos sentir o poder de Deus naquela vida. Só mesmo o toque da fé para transformar alguém tão sofrido em uma pessoa tão cativante, serena, alegre e inspiradora. Sofrera tanto e vira seus lindos sonhos transformarem-se em terríveis pesadelos; outros em seu lugar certamente se tornariam pessimistas e perderiam a capacidade de olhar para frente. Dona Carmem, porém, não perdeu a esperança. Perdeu a vista, mas não perdeu a visão; perdeu a capacidade de andar, mas não perdeu o equilíbrio; perdeu a mobilidade dos dedos, mas não perdeu a fé. Ela olhava o futuro com firmeza, esperança e certeza.

Várias vezes ela me falou não só de sua realidade presente, mas também de seus planos futuros. Para ela, as limitações que enfrentava eram apenas uma realidade transitória. Havia a certeza de um futuro glorioso, eterno, com Jesus. Ela dizia estar aqui de passagem e que, quando chegasse ao céu, poderia outra vez e para sempre fazer todas as coisas boas que tanto gostava de fazer, das quais, temporariamente, havia sido privada. Com alegria e entusiasmo falava de sua partida: "Quando eu chegar no céu, terei um corpo perfeito e poderei, outra vez, tocar piano."[14]

Só depois de ouvir a irmã Carmem pude compreender as palavras do salmista: "*O Senhor é o meu pastor; de nada terei falta.*"

O que é fundamental?

Ter o Senhor Jesus como o meu pastor, sabendo que a presença e a direção dele, ainda que em meio a grandes necessidades, garantem a necessária provisão que me dá plena satisfação.

Durante quase oito anos tive o privilégio de ser o pastor de dona Carmem. Ela não era uma simples ovelha. Tinha um cuidado especial por seu pastor e por ele orava todos os dias. Visitá-la tornou-se uma inspiração. Cada vez que ia à sua casa, era abençoado por uma fé muito simples e profunda. Em meio a tanto sofrimento e dor,

---

[14]MORAES, 2005, p. 126.

nunca a vi triste ou desesperada e jamais ouvi de seus lábios qualquer reclamação, queixa ou lamento. A afirmação que abre o Salmo 23 era realidade completa na vida dela.[15]

O que fazer?

Somente quando estamos diante de um rebanho de ovelhas e vemos o trabalho do pastor, guiando-as aos pastos onde podem encontrar o alimento necessário, podemos ter melhor ideia da afirmação que abre o Salmo 23. Havendo sido escrito por Davi, pastor de ovelhas, a figura utilizada era bem conhecida por ele mesmo. O pastor conduz, e, quando somos conduzidos pelo Pastor, de nada teremos falta. Qual tem sido a nossa atitude? Você gosta do Salmo 23? Aprendeu a recitar: "O SENHOR é o meu pastor; nada me faltará" (ARA)? O problema é que as coisas às vezes faltam, não é verdade? E como você se comporta em meio às carências, como reage quando tudo não parece ir tão bem quanto gostaria? De modo mais direto, diante das necessidades, mesmo não tendo tudo o que gostaria de ter, você ainda é capaz de afirmar que nada lhe falta? Tenho aprendido que nada nos falta quando deixamos que o Senhor, o nosso Deus, seja o nosso pastor. Vamos exercitar a nossa fé.

- Agradeça a Deus pelo infinito amor ao conduzir você em segurança aos pastos verdejantes.
- Afirme sua lealdade ao Senhor comprometendo-se a nunca se afastar do caminho que ele tem traçado para você.

Agora leia todo o Salmo 23:

O SENHOR é o meu pastor; de nada terei falta. Em verdes pastagens me faz repousar e me conduz a águas tranquilas;

---

[15]Idem. p. 127.

restaura-me o vigor. Guia-me nas veredas da justiça por amor do seu nome. Mesmo quando eu andar por um vale de trevas e morte, não temerei perigo algum, pois tu estás comigo; a tua vara e o teu cajado me protegem. Preparas um banquete para mim à vista dos meus inimigos. Tu me honras, ungindo a minha cabeça com óleo e fazendo transbordar o meu cálice. Sei que a bondade e a fidelidade me acompanharão todos os dias da minha vida, e voltarei à casa do Senhor enquanto eu viver.

Agora que você leu todo o salmo, firme novos propósitos:

- Quero me comprometer a deixar de lado as queixas e os lamentos diante das carências e louvar a Deus, mesmo nas dificuldades, sabendo que ele está sempre cuidando de mim.
- Substituirei a murmuração pela satisfação, firmando o propósito de louvar a Deus sempre.

Pare e pense

"Conservem-se livres do amor ao dinheiro e contentem-se com o que vocês têm, porque Deus mesmo disse: 'Nunca o deixarei, nunca o abandonarei.' Podemos, pois, dizer com confiança: 'O Senhor é o meu ajudador, não temerei. O que me podem fazer os homens?'" (Hebreus 13:5,6).

Coloque-se diante de Deus

Existem valores bem maiores e mais preciosos que os recursos materiais. Muitas pessoas têm vivido a experiência de, na mais completa carência, serem tão felizes que só têm motivos para agradecer a Deus. Como tem sido a sua vida nesse sentido? A afirmação de que nada nos falta porque Jesus é o nosso pastor tem sido uma realidade em sua vida?

Torne esse texto real em sua vida

📖 "Conservem-se livres do amor ao dinheiro e contentem-se com o que vocês têm..." → Quero ser feliz tendo pouco ou muito, estando com saúde ou enfermo, vivendo cercado por amigos ou na completa solidão.

📖 "...porque Deus mesmo disse: 'Nunca o deixarei, nunca o abandonarei.'" → Minha felicidade virá da certeza de que Jesus está comigo e jamais me deixará; o que tenho de fazer é viver em comunhão com ele, pela fé, e seguir seus passos.

📖 "Podemos, pois, dizer com confiança: 'O Senhor é o meu ajudador, não temerei.'" → Tendo o Senhor como meu ajudador posso seguir confiantemente, na certeza de que o seu cuidado é completo — e isso me dá condições de caminhar.

📖 "'O que me podem fazer os homens?'" → Devo me lembrar sempre de que ninguém poderá me fazer mal nenhum se eu permitir a Deus estar comigo e dominar o meu viver.

Capítulo 25

Melhor do que dinheiro

Tudo posso naquele que me fortalece.
— Filipenses 4:13

Pode existir alguma coisa melhor do que dinheiro? O número de pessoas insatisfeitas com a vida e decepcionadas com a falta de recursos materiais é considerável. Não é sem razão que os jornais, a televisão e o rádio falam tanto sobre a crise econômica. É comum ouvir pessoas afirmarem que, se tivessem dinheiro, todos os problemas estariam resolvidos. Será? Certamente não! Em repetidas ocasiões, ao atravessar crises financeiras, as pessoas são tentadas a pensar que o dinheiro é tudo; mas não é. A solução de todos os nossos grandes problemas não está no poder monetário. Dinheiro é útil e até indispensável para a solução de problemas materiais, mas não é capaz de resolver as crises existenciais das pessoas.

Existem pessoas tão ricas que não sabem o que possuem; têm dinheiro em casa, dinheiro aplicado e dinheiro no banco, mas não sabem o que é a satisfação, a realização que outros, conhecidos como pobres, têm. O problema é que aqueles, mesmo tendo tudo, sentem falta de tudo; estes, como nada têm, nada lhes falta. Não ter dinheiro é mal que pode ser resolvido, mas ter todo dinheiro e não ter realização é problema que só pode ser resolvido pela misericórdia de Deus. Conhecido na mitologia grega é o caso de Midas. A ele fora concedido o poder de transformar tudo o que suas mãos tocassem em ouro. Como muita gente hoje gostaria de ter uma "qualidade" assim! No início, o poder milagroso foi um grande encanto para Midas. Não demorou, entretanto, para que o encanto se transformasse em maldição. Até o alimento tocado por ele era transformado em ouro. Apesar de sua grande fortuna, estava condenado a morrer pobre e sozinho. Desapontado com sua grande riqueza e infelicidade, Midas procurou voltar a seu estado anterior.

Jesus contou a história de um rico e bem-sucedido empresário. Empolgado com os resultados da supersafra que conseguira colher, planejou ampliar sua empresa. Seus planos pareciam muito bons, ele disse: "Vou derrubar os meus celeiros e construir outros maiores, e ali guardarei toda a minha safra e todos os meus bens" (Lucas 12:18). O problema é que ele não considerou nem a presença nem a atuação de Deus na vida dele. Veja o que ele quis fazer: "Direi a mim mesmo: você tem grande quantidade de bens, armazenados para muitos anos. Descanse, coma, beba e alegre-se. Contudo, Deus lhe disse: 'Insensato! Esta mesma noite a sua vida lhe será exigida. Então, quem ficará com o que você preparou?' Assim acontece com quem guarda para si riquezas, mas não é rico para com Deus" (Lucas 12:19-21). O final da história revela o completo fracasso daquele homem tão rico. A indagação faz sentido: "Quem ficará com a fortuna?" A sua riqueza, depois de sua partida, servirá para quê? A partir dessa história, Jesus deixou uma clara lição: "Assim acontece com quem guarda para si riquezas, mas não é rico para com Deus."

Só há um meio de alguém ser rico para com Deus, vivendo em comunhão com ele. Dinheiro não compra tudo. O conhecido adágio "dinheiro compra tudo, compra o mundo inteiro" é completamente falho. Há muitas coisas que o dinheiro não compra. A paz verdadeira, que transcende a todo entendimento, só pode ser encontrada em Jesus, e adquirida sem dinheiro, pois não tem preço: "Pois vocês são salvos pela graça, por meio da fé, e isto não vem de vocês, é dom de Deus; não

Viver com Deus é uma bênção

por obras, para que ninguém se glorie" (Efésios 2:8,9). Não há dinheiro que compre as forças de que precisamos para seguir sem desanimar, em meio às aflições e aos problemas; só a comunhão com Deus "fortalece o cansado e dá grande vigor ao que está sem forças" (Isaías 40:29). Sem a ajuda divina, "até os jovens se cansam e ficam exaustos, e os moços tropeçam e caem; mas aqueles que esperam no Senhor renovam as suas forças. Voam bem alto como águias; correm e não ficam exaustos, andam e não se cansam" (Isaías 40:30,31). Só Jesus garante a nossa comunhão com Deus, só nele encontramos paz, força e salvação.

O que é fundamental?

Utilizar o dinheiro apenas como meio para aquisição do que é necessário à sobrevivência, cuidando para não o colocar como a coisa mais importante em minha vida.

Um homem aleijado pedia esmolas à porta do templo; quando Pedro e João passaram por ele, para entrar no local, o mendigo lhes pediu uma esmola. Olhando para o pedinte, Pedro pediu ao necessitado que olhasse de volta para eles. O homem então olhou para Pedro e João com atenção e expectativa (deve ter pensado que a probabilidade de ser atendido, e até de ganhar uma boa quantia, estava mais próxima). "Por que ele pediria a minha especial atenção se não fosse me dar uma boa ajuda?" O mendigo esperava receber deles alguma coisa. No entanto, que desapontamento! Sem nenhum dinheiro em mãos, Pedro disse que nada tinham para lhe dar (não tinham prata, nem ouro). Ainda bem que a história não terminou aí. Seria um final frustrante, você não acha? Pedro continuou: "Não tenho prata nem ouro, mas o que tenho, isto lhe dou. Em nome de Jesus Cristo, o Nazareno, ande" (Atos 3:6).

Pedro não só falou, mas também ajudou o homem a levantar-se. O milagre aconteceu, e os pés e os tornozelos do pedinte ganharam firmeza. Já imaginou algum aleijado dando um salto, pondo-se em pé e começando a andar? O espanto continuou porque o ex-aleijado logo depois entrou com eles no pátio do templo, andando, saltando e louvando a Deus. Não poderia ser diferente: o povo ficou maravilhado quando o viu andando e louvando a Deus. Ao reconhecerem ser ele o homem que mendigava sentado à porta do templo, todos ficaram perplexos e surpresos com o que lhe tinha acontecido.

Qualquer esmola, por maior que fosse, não seria mais valiosa do que a ajuda oferecida por Pedro e João ao homem. Não foi auxílio financeiro, mas apoio em nome de Jesus. E mais que poder andar, o homem que foi curado adquiriu a capacidade de louvar. E existe algo melhor do que podermos louvar a Deus? Dinheiro nenhum é capaz de comprar essa capacidade, que dá sentido e alegria ao nosso viver. Dinheiro só tem sentido quando o usamos para a aquisição do que nos é necessário, sem nos escravizarmos a ele e sem deixarmos que ele seja o mais importante em nossa vida.

O que fazer?

- Você se considera uma pessoa rica? Tente arrolar os bens que você tem que o dinheiro não compra.
- Você é uma pessoa agradecida? Tente listar os bens valiosos que tem recebido de Deus. Comece lembrando-se de sua própria vida: estar vivo é uma grande dádiva do Criador.

Nada é mais valioso do que a comunhão com Deus. Vale a pena pedir a ele que nos dê a riqueza autêntica (mais do que riquezas materiais), que vem dele e só por meio de Jesus Cristo pode ser encontrada. Dê novo sentido aos seus bens materiais.

- Quero utilizar o meu dinheiro com sabedoria, lembrando que há muitas pessoas necessitadas de minha ajuda.
- Darei prioridade aos valores espirituais, jamais fazendo do dinheiro a razão de minha sobrevivência.

Pare e pense

"Sabemos que Deus age em todas as coisas para o bem daqueles que o amam, dos que foram chamados de acordo com o seu propósito [...] Se Deus é por nós, quem será contra nós? [...] Mas, em todas estas coisas somos mais que vencedores, por meio daquele que nos amou. Pois estou convencido de que nem morte nem vida, nem anjos nem demônios, nem o presente nem o futuro, nem quaisquer poderes, nem altura nem profundidade, nem qualquer outra coisa na criação será capaz de nos separar do amor de Deus que está em Cristo Jesus, nosso Senhor" (Romanos 8:28,31,37-39).

Coloque-se diante de Deus

Os valores que Deus tem para nós são muito mais preciosos do que prata e ouro, são mais valiosos do que todos os tesouros do mundo. Há uma canção sacra que diz:

Mais do que tesouros é Cristo, meu bom Mestre;
ele é a luz do mundo, a Estrela da manhã.
Ele é o Rei da glória, e no meu coração
contente vou cantando com muita gratidão.

Cantarei ao meu Salvador esta linda melodia,
pois eu tenho no coração plena paz e alegria.
Cantarei ao meu Salvador, cantarei, sim, noite e dia.
Aleluia! Aleluia! Feliz sempre cantarei!

Cristo libertou-me da pena do pecado,
e agora alegre eu canto, pois para o Céu irei.
Ele me dá forças, ele é o meu Protetor;
Dou sempre glória a ele, meu Mestre e meu Senhor.

Anjos não conhecem a linda melodia,
pois só mortais a entoam: os salvos por Jesus.
Livre, perdoado por Cristo e seu amor,
mui vitorioso eu vivo cantando em seu louvor.[16]

Torne esse texto real em sua vida:

📖 "Sabemos que Deus age em todas as coisas para o bem daqueles que o amam, dos que foram chamados de acordo com o seu propósito." → Deus quer sempre o melhor de mim e tudo faz pelo meu bem-estar. A comunhão com ele me faz ver o amor que ele tem por mim e dá a certeza de que me chamou e tem um propósito para mim.

📖 "Se Deus é por nós, quem será contra nós?" → Ainda que o mundo se coloque contra mim, procurarei fortalecer minha fé em Deus, sabendo que ele é maior do que os problemas e tem solução para todos eles; sabendo que, ao tê-lo comigo, ninguém poderá me vencer.

📖 "Mas, em todas estas coisas somos mais que vencedores, por meio daquele que nos amou." → Aconteça o que acontecer, confiando nele não vencerei apenas uma batalha; serei mais que vencedor, porque ele me ama e está comigo.

📖 "Pois estou convencido de que nem morte nem vida, nem anjos nem demônios, nem o presente nem o futuro, nem quaisquer poderes, nem altura nem profundidade, nem qualquer outra coisa na criação será capaz de nos separar do amor de Deus que está em Cristo Jesus, nosso Senhor." → E é bom saber que nada neste mundo me causa medo. "Nada disso nos intimida, porque Jesus nos ama. Estou convencido de que nada — vivo ou morto, angelical ou demoníaco, atual

---

[16]Hinário para o culto Cristão, nº 66.

Viver com Deus é uma bênção

ou futuro, alto ou baixo, pensável ou impensável —, absolutamente nada pode se intrometer entre nós e o amor de Deus, quando vemos o modo com que Jesus, nosso Senhor, nos acolheu" (Romanos 8:37-39 MSG).

Capítulo 26

Aprendendo a esperar

Bendito seja o Deus e Pai de nosso Senhor Jesus Cristo! Conforme a sua grande misericórdia, ele nos regenerou para uma esperança viva, por meio da ressurreição de Jesus Cristo dentre os mortos, para uma herança que jamais poderá perecer, macular-se ou perder o seu valor. Herança guardada nos céus para vocês que, mediante a fé, são protegidos pelo poder de Deus até chegar a salvação prestes a ser revelada no último tempo.
— *1 Pedro 1:3-5*

Vivemos em uma época de pressa. As pessoas mal têm tempo para cumprir suas horas de trabalho. Muitas famílias nem se encontram mais; os momentos de lazer deixaram de existir. Parece que 24 horas por dia não são suficientes para tantos afazeres. Alguns anos atrás, quando as pessoas chegavam a um restaurante, aguardavam pacientemente a chegada do cardápio, faziam seus pedidos e, depois da solicitação feita, aproveitavam o momento da espera para conversar, colocar o papo em dia. Hoje não há tempo. Cada vez mais se procuram os restaurantes self-services. A pressa é uma marca presente no mundo atual.

Não é fácil esperar quando se tem pressa, quando as coisas parecem não acontecer, quando o mundo parece girar sem solução à nossa volta. O profeta Jeremias afirmou que "é bom esperar tranquilo pela salvação do SENHOR" (Lamentações 3:26). Contudo, como esperar tranquilo se estamos ansiosos?

Neste tempo, marcado pela presença de meios de comunicação que rapidamente atendem às nossas necessidades, torna-se cada vez mais difícil esperar por uma resposta que não vem. Todavia, quando enfrentamos grandes problemas e vivemos momentos de angústia, ansiedade e aflição, precisamos pedir ao Eterno Pai a capacidade de esperar calmamente por ele, buscando a comunhão com o Senhor. Só assim, temos condições de seguir, colocando sobre Deus a nossa esperança.

Talvez seja esse o seu momento de espera. Pode ser que você esteja há algum tempo esperando por algo que gostaria muito de ver acontecer, mas talvez agora você esteja perdendo a esperança. Tenho vivido momentos assim ao longo da minha vida. E como são difíceis! Em tais ocasiões, tenho aprendido que o melhor é me colocar nas mãos de Deus. Você já se colocou nas mãos do Senhor? Já falou para ele da sua espera que parece não ter fim? Todos nós sabemos que esses momentos de espera não são parte apenas da minha vida ou da sua, o povo de Deus no passado e no presente tem enfrentado os mesmos problemas que nós vivenciamos. Todos nós precisamos aprender a esperar sem perder a esperança, o que é muito difícil.

Lendo a Bíblia, me deparei com um texto que muito me tocou. É uma passagem interessante que fala sobre o recebimento das instruções do Senhor, por intermédio de Moisés, pelo povo de Israel. Eles caminhavam conduzidos pela nuvem. Quando a nuvem se erguia de sobre a tenda, os filhos de Israel se punham em marcha; e no lugar onde a nuvem parava, aí eles acampavam. A história registra:

> Conforme a ordem do Senhor, os israelitas partiam, e conforme a ordem do Senhor, acampavam. Enquanto a nuvem estivesse por cima do tabernáculo, eles permaneciam acampados. Enquanto a nuvem ficava sobre o tabernáculo por muito tempo, os israelitas cumpriam suas responsabilidades para com o Senhor, e não partiam. Às vezes, a nuvem ficava sobre o tabernáculo

poucos dias; conforme a ordem do SENHOR, eles acampavam, e também conforme a ordem do SENHOR, partiam. Outras vezes a nuvem permanecia somente desde o entardecer até o amanhecer, e quando se levantava pela manhã, eles partiam. De dia ou de noite, sempre que a nuvem se levantava, eles partiam.

(Números 9:18-21)

Imagino a ansiedade do povo pela nuvem. Sim, porque a nuvem indicava que eles deveriam parar e esperar nova ordem. A caminhada não era em uma cidade cheia de atrativos, mas no deserto, onde tudo é árido e nada acolhedor. Dessa forma, a espera se tornava mais longa. Porém, os israelitas só prosseguiam em sua viagem quando a ordem do Senhor vinha pela nuvem.

Vivemos hoje momentos como esse que o povo israelita viveu — à espera de uma nuvem. Mas em nossa vida muitas vezes ficamos como aquele povo, enfrentando problemas, provações, angústias e continuamos a esperar. Parece que a nuvem que passa por nós parou e lá ficou. As coisas não acontecem. E continuamos a esperar. E somos tendentes a perder a esperança.

Gosto da tradução da Bíblia *A Mensagem* do texto de Lamentações 3:28,29, que diz: "Quando a vida está difícil de suportar, entregue-se à solidão. Recolha-se ao silêncio. Curve-se em oração. Não faça perguntas. Espere até que surja a esperança." Como Deus é maravilhoso! Ele nos fala até no silêncio. Nós é que queremos respostas apressadas, mas nem sempre as respostas no tempo que queremos são as melhores. Não é nada bom esperar, mas muitas vezes é necessário. O Salmista diz: "Esperei com paciência no SENHOR" (Salmos 40:1 ACF). E ainda: "Aquietai-vos, e sabei que eu sou Deus" (Salmos 46:10 ACF). O melhor de tudo é saber que Deus não falha. Quando esperamos algo de pessoas, por mais amigas que sejam, pode haver alguma falha. Mas Deus é Deus em toda e qualquer situação. Não sei qual é a sua situação, nem sei se você está vivendo um momento de longa espera, inquieto por não avistar nenhuma nuvem que aponte uma solução. Mas só posso lhe dizer que vale a pena esperar pelo Senhor. Quantas vezes oramos a Deus nos momentos em que nosso coração se derrama em tristeza? Quantas dificuldades enfrentamos? Precisamos aprender a esperar no Senhor, sem se desesperar.

No livro de Lamentações de Jeremias, o profeta declara a sua fé. Estava cercado de problemas, mas as evidências do amor de Deus eram bem maiores. Ele diz:

> Graças ao grande amor do SENHOR é que não somos consumidos, pois as suas misericórdias são inesgotáveis; renovam-se cada manhã. Grande é a tua fidelidade! Digo a mim mesmo: A minha porção é o SENHOR; portanto, nele porei a minha esperança. (3:22-24)

Momentos de espera são intermináveis: é o emprego que não vem, a nomeação de um concurso feito que não sai, um filho que só volta para casa altas horas da madrugada, a saúde que insiste em não melhorar etc. Mas o pior é quando se sabe que a espera não terá resposta — quando, por exemplo, um ente querido nos deixa, para nunca mais voltar. Entretanto, mesmo numa ocasião assim, a Palavra de Deus nos garante que não podemos perder a perspectiva de que a nossa vida não se limita ao fato de estarmos aqui. Não vamos ficar na terra para sempre. Esperamos por uma pátria melhor, além desta vida. O dito popular assim se expressa: "Enquanto há vida, há esperança", porém a Bíblia diz que "o justo, ainda morrendo, tem esperança" (Provérbios 14:32 ARA). É necessário procurar viver sempre em comunhão com o Senhor, sabendo que com ele há sempre esperança.

O que é fundamental?

Preciso exercitar a capacidade de esperar, aguardando a resposta do Senhor e jamais decidindo sem procurar saber o plano de Deus sobre o assunto.

Tenho pedido tantas coisas ao Senhor! Tantas vezes tenho esperado respostas que não vêm, por mais que eu peça e anseie por elas. Sei, entretanto, que não posso determinar que Deus me responda da forma como eu quero, pois tenho de esperar por ele, que sabe o que é melhor para a minha vida. Nesse caso, peço-lhe que me dê paciência para aguardar sua resposta em silêncio, sem desespero.

O que fazer?

Você tem depositado em Deus a sua esperança? Você tem vivido momentos em que a esperança se foi? Lembre-se: vivendo pela fé sabemos que não podemos exigir respostas de Deus, mesmo porque a melhor atitude é esperar pacientemente pelo Senhor. Então, vamos pensar de maneira prática agora:

- Anote em um caderno tudo o que lhe preocupa, todas as coisas que lhe perturbam e as respostas que você espera.
- Peça a Deus que lhe ajude a esperar e a confiar nele. Aguarde em silêncio e, ao receber uma resposta, anote o que ela significou para você, seja ela qual for.
- Converse com alguém em quem confie sobre o que lhe aflige.
- Procure ler a Bíblia. Deus fala também por meio da sua Palavra.

As coisas continuam como estão? As respostas ainda assim não vieram? O desânimo continua batendo à sua porta? Não se desespere. Esperar realmente é um exercício de paciência, então:

- Tente confiar plenamente no Senhor. Quando oramos e aguardamos a resposta dele, não estamos esperando em vão porque sabemos que Deus é poderoso e vai nos atender e fazer muito além do que pedimos ou imaginamos.
- Derrame sobre o Senhor toda a sua esperança, sabendo que ela não se limita às bênçãos do presente. Em Romanos lemos:

"Considero que os nossos sofrimentos atuais não podem ser comparados com a glória que em nós será revelada" (Romanos 8:18).

- Não esqueça que, aconteça o que acontecer, Deus está ao seu lado e que a vontade dele é sempre o melhor para nós.

Pare e pense

"Alegrem-se na esperança, sejam pacientes na tribulação, perseverem na oração" (Romanos 12:12).

Coloque-se diante de Deus

Quem já viveu momentos de angústia e de espera, seja em que área for, sabe o quanto é difícil esperar. Mas é importante nos colocarmos diante de Deus e confiar que, quando esperamos nele, recebemos bênçãos inimagináveis e respostas de maneiras inesperadas. Vale a pena esperar pelo Senhor — esperar e esperar... sem inquietação e sem desespero.

Torne esse texto real em sua vida

- 📖 "Alegrem-se na esperança..." → Preciso viver alegremente, mesmo quando me falta paciência para esperar, pois Deus está no comando da minha vida.
- 📖 "...sejam pacientes na tribulação..." → Quero viver a tranquilidade do Senhor de tal maneira que, mesmo com dificuldades e aparente falta de respostas, me conservarei paciente, a fim de deixar Deus agir.
- 📖 "...perseverem na oração." → Quero viver uma vida de comunhão com o meu Deus, pois assim, perseverando na oração, terei condições de aguardar com paciência as respostas pelas quais espero.

Capítulo 27

Sem medo da morte

"Mestre, não te importas que morramos?"[...]
"Por que vocês estão com tanto medo? Ainda não têm fé?"
— *Marcos 4:38,40*

Algumas pessoas que se apresentam como as mais corajosas têm medo da morte.
Por que ter medo de morrer? Lembra-se da fábula do lenhador e a morte?

Um pobre lenhador, vergado pelo peso dos anos e da lenha que às costas trazia, caminhava gemendo, no calor do dia, sentindo por si próprio o mais cruel desprezo. A dor era tanta que, por fim, ele parou e, ao colocar no chão seu fardo, pôs-se a refletir: que alegrias tivera em seu pobre existir? Depois de tanta vida, algum prazer lhe restou?

Faltara, às vezes, pão; descanso nunca houvera;

Os filhos, a mulher e o cobrador à espera;

O imposto e a cara feia do soldado...

Ele era um infeliz, completo e acabado!

Pensando na falta de alegria e de sorte, chamou em seu auxílio a morte.

—Vosmecê me chamou, e eu vim. Agora venha.

— Só te chamei pra me ajudar com a lenha.[17]

---

[17]Disponível em <http://pt.wikipedia.org>. Acesso em: 30 set. 2012.

Há algum tempo visitei uma senhora hospitalizada, ela tinha uma enfermidade incurável. Ela sabia que a situação era difícil, mas desconhecia não haver chances de sobrevida. Sendo antes alguém com tanta saúde, estava assustada com a inesperada doença. Em sua intranquilidade, declarou que, se tivesse uma doença terminal, seria capaz de cometer um desatino. Nesse tempo, alguns religiosos a visitaram e garantiram que se ela cresse na mensagem que eles lhe anunciavam, ela ficaria completamente curada. Por uns dias, embalada pela esperança de cura, ela pareceu estar de fato melhorando. Entretanto, alguns dias depois, todos os sintomas voltaram e, lamentavelmente, com mais força. Foi nesse momento que fui chamado a assisti-la. Ela me declarou, em pânico: "Pastor, eu aceitei a mensagem que eles pregaram para mim; eles me disseram que se eu aceitasse, Deus iria me curar, mas agora estou pior, estou morrendo. O que o senhor me diz?"

Pedindo a Deus que me desse a palavra certa, expliquei-lhe que somente Jesus Cristo, o Filho de Deus, tem poder para nos salvar; e que a salvação que ele nos oferece não significa isenção da morte física, mas certeza da vida eterna. Todos nós haveremos de morrer, não podemos escapar dessa realidade. O que Jesus nos dá, todavia, é bem mais valioso, ele nos dá segurança para enfrentar a morte e certeza de vida, eterna.

Naquele momento, mesmo sabendo do seu estado terminal, a mulher recebeu Jesus e começou novo capítulo em sua vida baseado na fé no Filho de Deus, que lhe dava certeza de vida eterna. Alguns dias depois ela faleceu, sem pânico, sabendo que aquele momento era uma simples passagem, pois a nossa comunhão com Deus não se limita à vida terrena. Victor Hugo afirmou: "O meu túmulo não é um beco sem saída; ao contrário, é uma larga avenida, fechada no crepúsculo e aberta na aurora."[18]

Tenho presenciado o falecimento de muitas pessoas e posso afirmar que o diferencial na hora da partida deste mundo é a presença de Deus. Quem vive em comunhão com Deus tem condições de enfrentar a morte,

---

[18]OLIVEIRA, p. 208.

sem medo. O que determina a tragicidade ou a suavidade da morte não é como se morre, mas como se vive.[19] Observe o que a Bíblia diz a respeito da morte das pessoas que vivem distantes de Deus: "Quando morre o ímpio, sua esperança perece; tudo o que ele esperava do seu poder dá em nada" (Provérbios 11:7). Veja agora, em contraste, o que acontece àquele que busca viver em comunhão com Deus: "Quando chega a calamidade, os ímpios são derrubados; os justos, porém, até em face da morte encontram refúgio" (Provérbios 14:32). A morte não derruba quem vive em comunhão com Deus. Com ele ao nosso lado a esperança segue firme, mesmo diante da morte. Quando minha mãe faleceu, preguei no culto de gratidão a Deus pela vida dela. Diante daquele corpo inerte, sem vida, Deus me deu forças para afirmar que a esperança não havia se acabado. Alguns dias depois, triste em pensar que ela havia partido para sempre, escrevi o seguinte poema:

A esperança não acabou.
Por que nunca mais, se tenho esperança?
Por que nunca mais, se tenho confiança?
O corpo acabou, o espírito, porém, foi para Deus.
A vida terrena findou, mas a esperança não acabou.
É verdade que nunca mais nos encontraremos aqui,
no entanto teremos vida eterna, com Cristo no porvir.
A Bíblia diz que mesmo morrendo o justo tem esperança,
que não confunde, vem da confiança.
A esperança não confunde porque o amor do nosso Deus
derramado está nos filhos seus.
E foi pelo Espírito Santo que esse amor nos foi dado,
o mesmo Espírito no qual o crente em Jesus está selado.
E esse ensino de Paulo é experiência do nosso viver,
que a cada dia aumenta. Por isso, por mais profunda

---

[19]MORAES, 2008, p. 312.

que seja a dor da separação, um dia iremos nos encontrar
— santa convicção!
Por que nunca mais, se tenho esperança?
Por que nunca mais, se tenho confiança?
O pó volta ao pó, assim nos fez o Criador.
Mas o espírito volta para o Deus que o criou.
A luta findou, as dores, estas sim, encontraram fim,
mas eu creio no Cristo que morreu por mim.
Ele veio, sofreu, agonizou. Enfrentou e venceu a morte...
Nele sou consolado e me sinto forte.
Eis a única verdade que me pode consolar:
Jesus nos promete na casa do Pai com ele morar.
E assim meu coração não pode se abater,
pois, com Cristo, morrer não é desaparecer, mas viver.
A esperança está firme — não é do homem que ela vem!
A minha confiança está firmada em Jesus, que me quer bem.
E assim, não há por que desesperar, apesar de tantos ais...
cremos em Jesus, findou-se o nunca mais.[20]

O que é fundamental?

Viver convicto de que a morte não é o fim, sabendo que pela fé temos a segurança de receber de Jesus a vida eterna, prometida aos que creem no nome dele.

No funeral de Machado de Assis, Rui Barbosa, no discurso "Adeus a Machado de Assis", afirmou: "Mestre e companheiro, disse eu que nos íamos despedir. Mas disse mal. A morte não extingue: transforma; não aniquila: renova; não divorcia: aproxima."[21]

Visitei um grande amigo, que tinha uma terrível enfermidade. Nós dois sabíamos que seu caso era terminal, então perguntei-lhe:

—Você está firme em Cristo?

[20]MORAES, 2010, p. 199.
[21]BARBOSA, 1965, p. 32.

Sua pronta resposta foi:

— Firmíssimo.

Alguns dias depois, vendo-o fisicamente mais debilitado, repeti a pergunta, se ele seguia firme. Com a voz fraca, mas uma fé firme, ele me respondeu:

— Seguro na mão de Deus.

Foi a última vez que ouvi a voz desse querido irmão. Poucos dias depois, partiu para estar com Jesus. Ele viu a glória de Deus em Cristo. A pergunta é pertinente: você está firme em Cristo? Tem certeza da vida eterna em Jesus? Segundo Stanley Jones, "a morte para o cristão significa apenas uma anestesia, enquanto troca de corpo. Deus nos lança de um corpo desgastado para um corpo imortal, de modo que o crente não precisa ter medo da morte".[22]

O que fazer?

Na noite de 21 de dezembro, deitado em sua cama em Northfield, o Evangelista Moody escreveu a lápis, com a mão pesada e um pouco trêmula pela fraqueza:

Ver a estrela dele é bom, mas ver o rosto dele é melhor ainda. No início do inverno, sexta-feira, 22 de dezembro de 1899, Moody acordou depois de dormir um sono profundo de uma hora, que encerrara uma noite difícil de crescente fraqueza. De repente, Will [o filho] ouviu palavras lentas e uniformes: "A terra recua, o céu se abre diante de mim!"

Will atravessou correndo o quarto.

— Não, não é um sonho, Will. É lindo! Parece um êxtase. Se for a morte, ela é agradável demais. Deus está me chamando, e preciso ir. Não me chame de volta![23]

---

[22]OLIVEIRA, p. 208.
[23]POLLOCK, 2005, p. 405.

A atitude de Moody em face da proximidade da morte contrasta com a reação do lenhador da fábula escrita por Esopo, recontada por La Fontaine e narrada no início deste capítulo. A fábula representa o comportamento da maioria — pessoas com medo da morte; enquanto a experiência de Moody fala da atitude daqueles que, por terem certeza da vida eterna, não têm medo da morte. E você, em qual dos dois grupos se encontra?

- Pense no modo como você encara a morte, na sua atitude diante da perda de entes queridos e no que você sente ao lembrar que um dia você mesmo também haverá de morrer.
- Peça a Deus que a certeza da vida em Cristo esteja fixada cada vez mais no seu coração. Lembre-se de que sua fé no Pai Celestial e sua obediência ao que ele determina são elementos indispensáveis.

Siga neste exercício e raciocine comigo: se tenho certeza da minha comunhão com Deus, não tenho nenhuma razão para ter medo da morte. Com o Pai Celestial ao meu lado, morrer deixa de ser um fim trágico e se torna um maravilhoso começo de completa comunhão com ele. Foi isso que o apóstolo Paulo falou: "Para mim o viver é Cristo e o morrer é lucro. Caso continue vivendo no corpo, terei fruto do meu trabalho. E já não sei o que escolher! Estou pressionado dos dois lados: desejo partir e estar com Cristo, o que é muito melhor" (Filipenses 1:21-23). Vamos fazer uma oração.

Senhor, eu te agradeço porque me tiraste do pecado e me deste o teu perdão. Agradeço porque tens transformado a minha tristeza em alegria e o meu lamento em riso. Agora eu te peço que me faças bênção nas tuas mãos, amando-te e servindo-te, obedecendo à tua Palavra e buscando abençoar sempre a todas as pessoas que comigo estiverem. Assumo o compromisso de viver para te agradar e te honrar; e ainda te suplico que transformes a minha fraqueza em força, fazendo-me ver que estou aqui de passagem e que, quando o fim desta minha caminhada chegar, eu me encontrarei contigo. Assim, Pai, conserva o meu coração sem medo, na convicção de que me tomarás em teus braços e me conduzirás a morar contigo. Morando contigo sei que estarei seguro, sem tristeza, sem qualquer enfermidade, sem mais nenhum aborrecimento, para sempre louvando e glorificando o teu nome.

Pare e pense:

"Mesmo quando eu andar por um vale de trevas e morte, não temerei perigo algum, pois tu estás comigo; a tua vara e o teu cajado me protegem" (Salmos 23:4).

Coloque-se diante de Deus

Morrer é a experiência mais natural reservada ao ser humano; assim como nascemos, morreremos; a história de cada um de nós começa no nascimento e finda na morte. A Bíblia afirma que "o homem está destinado a morrer uma só vez e depois disso enfrentar o juízo" (Hebreus 9:27).

Quando chegar o momento da minha partida e eu tiver de viver a experiência denominada morte, espero me sentir como uma criança: já um tanto crescida, ela começa a dormir no sofá da sala e ali fica adormecida por um tempinho. Mais tarde, o pai ou a mãe vai até esse filho querido e carinhosamente o toma nos braços, levando-o para dormir no lugar adequadamente preparado para ele. O filho segue confiante, sabe que nos braços maternos ou paternos está seguro; ao amanhecer, estará de novo na companhia daqueles que mais o amam. Assim acontece quando vivemos em comunhão com Deus. Morrer é ser tomado nos braços do Pai Celestial e ser conduzido para a casa dele, para com ele morarmos para sempre. Lá há muitas moradas que Jesus preparou para nós (ver João 14:1-6).

Torne esse texto real em sua vida

📖 "Mesmo quando eu andar por um vale de trevas e morte…" → Preciso me lembrar sempre de que os vales de tristeza e morte são naturais ao meu viver; caminhos nem sempre são floridos, há espinhos, crateras, imprevistos, acidentes e morte que terei de enfrentar.

📖 "…não temerei perigo algum…" → Devo estar preparado para, na comunhão com o Pai, enfrentar todos os obstáculos, por piores que sejam, e, ao fim dos meus dias, estar diante da morte, sem medo.

📖 "…pois tu estás comigo; a tua vara e o teu cajado me protegem." → Por isso, não posso abrir mão do meu compromisso com Deus. É Jesus Cristo o meu pastor e somente na força dele ando por um vale de trevas e morte sem ter medo de nada, na certeza de que ele está me guiando.

Capítulo 28

A alegria vem

O choro pode persistir uma noite, mas de manhã irrompe a alegria.
— *Salmos 30:5*

O choro é comum a qualquer ser humano. Faz parte da vida, porém não é algo permanente. Choramos por vários motivos: tristeza, alegria, emoção… E quando o choro toma conta de nós em caso de tristeza, parece que tudo fica na mais completa escuridão. Não avistamos nenhuma claridade. A noite se torna interminável; parece que o dia não chega nunca. Porém, a notícia boa é a de que, se vivermos em comunhão com Deus, não existe nenhum tipo de choro que permaneça. Não existe lágrima que não seja enxugada, porque o Senhor é quem nos enche de alegria; por isso o salmista afirma que, ainda que a tristeza dure uma noite inteira, ainda que o choro persista, a alegria certamente virá ao amanhecer — essa é a mais pura verdade.

Talvez a noite seja interminável mesmo, talvez essa "noite" dure algum tempo sem que vislumbremos o "amanhecer". Mas, com os olhos fitos em Deus, esperando nele sempre, as nossas lágrimas serão enxugadas, dando lugar a risos de alegria. É bem verdade que, na hora da aflição, não achamos lugar para a alegria, para cantar em vez de chorar. Mas confiantes em Deus, qualquer tristeza que pareça não ter fim poderá se reverter, dando lugar à alegria. O salmista afirma: "Por que estou tão triste? Por que estou tão aflito? Eu porei a minha esperança em Deus e ainda o louvarei. Ele é o meu Salvador e o meu Deus" (Salmos 42:5 NTLH). Ouço de vez em quando alguém dizer: "Eu confio em Deus, tenho procurado andar de maneira correta, mas mesmo assim ainda tenho problemas, ainda choro por tantas coisas." Se você está nesse grupo de pessoas, saiba que todos nós somos abalados e quebrados de uma forma ou de outra, seja física ou emocionalmente. Mas Deus olha para nós e com paciência nos acolhe, nos levanta de onde estamos e nos enche de amor, transformando o pranto em canção.

Você pode, neste exato momento, estar passando por uma situação assim e talvez esteja se perguntando: será que um dia vou deixar de chorar? Será que essa manhã vai chegar algum dia? Não tenha dúvida. Se confiarmos no Senhor, as soluções vêm muito além daquilo que pedimos, pensamos ou imaginamos. Apenas precisamos não perder o foco, aprendendo a louvar em vez de reclamar, a viver uma vida de glorificação a Deus e a entender que as crises, por mais que pareçam insuperáveis, terão sempre uma saída, embora no momento do choro as lágrimas sejam tantas que não nos permitem enxergar além do horizonte.

Alguma vez você já passou uma noite sem dormir, preocupado com algum problema que, a seu ver, parecia insolúvel? Eu já. Tivemos um grande amigo, era como um irmão. Um amigo íntimo, querido tio dos nossos filhos. Um dia ele recebeu um diagnóstico terrível que dizia ter apenas mais uns meses de vida. Como foi triste aquele dia. Ficamos horas e horas perguntando se isso era mesmo verdade, se haveria um tratamento, uma solução. Seria verdadeiro aquele resultado? Ficamos pensando em tantas possíveis respostas para as nossas dúvidas. Aquela noite passamos em claro. Não conseguíamos dormir. Éramos todos muito jovens e em razão disso não admitíamos que a vida dinâmica de um rapaz novo fosse tirada assim, tão repentinamente. O tratamento foi feito, as esperanças se renovaram, mas o nosso amigo, após alguns meses de sofrimento, foi ao encontro do seu Senhor, a quem tanto serviu.

Nossa filha, de apenas cinco anos, me disse:

— Mãe, vocês disseram que tudo o que a gente pede papai do céu dá, não foi?

Afirmei que sim, então ela disse:

— Então ele não ouviu as nossas orações, e o meu tio querido morreu.

Fiquei sem chão naquele momento. O que falar para uma criança tão pequena sobre um assunto desses? Como explicar para ela que aquele momento de choro se tornaria um momento de alegria mais tarde? A única ideia que me veio à mente naquele momento foi dizer:

— Filha, Deus ouviu as nossas orações, sim. Agora ele não sente mais nenhum tipo de dor. Agora ele está nos braços do Senhor.

E a resposta inocente, que só as crianças podem dar, foi:

— Que bom que ele confiava em Jesus, não é, mamãe?

É claro que a tristeza continuava conosco. O choro permaneceu por muito tempo porque somos humanos e falhos.

Como sofremos nos dias que se seguiram à partida do nosso amigo! Como choramos! Mas aos poucos, com o passar do tempo, fomos descobrindo inúmeros alunos e colegas influenciados pela vida daquele nosso amigo. Hoje, quando nos encontramos com pessoas que com ele conviveram, muitas histórias engraçadas são contadas ao nos lembrarmos dele, pois era uma pessoa que irradiava alegria por onde passava. E tantas lições de vida nos ensinou! O pranto cedeu lugar à alegria. Quando tudo parece muito escuro, após lutas e aflições, há um horizonte à nossa frente, às vezes até um arco-íris multicolorido.

Às vezes, em momentos de dor intensa, não somos capazes de entender realmente a situação nem o motivo por que Deus nos permite viver algo assim. Lembro-me de uma situação que vivi com a minha família, quando eu ainda era bem pequena. A família era grande, eram no total onze irmãos, e nosso pai era um grande amigo. Ele, embora sem instrução, sem estudo, era um homem que gostava muito de ler e por isso vivia inteirado de tudo. Era capaz de conversar bem sobre qualquer assunto. Era também muito próximo de todos os filhos. Eu era muito nova, mas ainda me lembro de quando ele engatinhava em casa com três ou quatro dos filhos menores em sua "corcunda". Que lembranças inesquecíveis! Cresci vivendo momentos assim.

Quando eu estava com aproximadamente quinze anos, meu pai estava muito doente, mas esperávamos sempre que ele melhorasse e ficasse bem. Não parecia tão grave. Nem posso avaliar o que era, de fato, o seu problema de saúde. Um dia, um dos meus irmãos mais novos, ao acordar, foi ao quarto falar com meu pai, para dar-lhe um abraço. Minha mãe estava na cozinha preparando o café. Meu irmão chegou à cozinha gritando e, inocentemente, disse à minha mãe: "O pai está acordado como se estivesse sorrindo, mas não fala comigo nem me responde." Minha mãe correu para o quarto, mas meu pai já não tinha mais vida. Imagine o reboliço que houve naquela manhã. Todos nós ficamos estarrecidos.

Os dias para a nossa família a partir dessa data foram tristes. Choramos muito. Não era possível compreender muita coisa. Minha irmã mais nova tinha apenas seis anos; minha mãe ainda não havia chegado aos cinquenta, e os recursos financeiros eram pouquíssimos. Só restava a todos nós trabalhar. Meus irmãos mais velhos já trabalhavam, mas até os mais novos tinham que arranjar algum tipo de afazer que ajudasse a nos manter. Como foi difícil aquele período. No entanto, a dor da separação e o choro advindo daquela partida inesperada foram cedendo lugar à alegria. Nós nos unimos mais, ficamos ao lado da minha mãe, e ela, com toda a sabedoria, foi nos ajudando a vencer a tristeza. O exemplo de vida que meu pai deixou nos estimulava a estudar e a trabalhar. Ele sempre nos dizia: "Nunca deixem de estudar" e "não tenham vergonha de nenhum tipo de trabalho, seja ele qual for, desde que seja honesto." E isso nos acompanhou a vida inteira.

Só mesmo ao manter a comunhão com Deus é que não perdemos a alegria de viver e podemos sentir que, com o Senhor ao nosso lado, a alegria vem mesmo na hora da aflição. Há um hino cuja letra é: "Por mais triste que seja o dia, ou a noite sem terminar, quem em Cristo Jesus confia ainda cantará. Maravilhoso Cristo, ele ensina minha alma a cantar, um canto de força, coragem e fé, ele ensina minha alma a cantar." Percebe que há uma condição aqui ("quem em Cristo Jesus confia")? Somente ao confiarmos nele podemos vencer momentos como o da história que contei.

Quem nunca chorou? Quem nunca se abalou com a gravidade de algumas situações? Todos, de algum modo, choramos, entristecemo-nos e sofremos. Ninguém pode escapar completamente dos acontecimentos e sentimentos negativos. Choro, tristeza, sofrimentos... são acontecimentos comuns. Não há quem deles escape. E é importante saber que nem mesmo Jesus passou isento do choro e do sofrimento neste mundo. A Bíblia afirma mais de uma vez que Cristo chorou em diferentes ocasiões. Sabemos, também, que em vários momentos ele se entristeceu. No Getsêmani, sua tristeza foi tal que afirmou: "A minha alma está profundamente triste, numa tristeza mortal" (Mateus 26:38). Então, pense: se Jesus, o Filho de Deus, chorou e sofreu, como nós podemos viver neste mundo, um vale de lágrimas, sem chorar?

A Palavra de Deus afirma: "A alegria vem pela manhã." Então, o que podemos fazer para que a alegria venha, realmente, de manhã? Precisamos entender que esse sentimento é mais do que um momento. O apóstolo Paulo diz: "Alegrem-se sempre no Senhor" (Filipenses 4:4). E não para por aí: "Que o Deus da esperança nos encha de toda alegria" (Romanos 15:13).

Há uma personagem na Bíblia que é um grande exemplo de comunhão com Deus, pois nos conforta com a história de que podemos sentir paz pela certeza da vitória até nos momentos em que nos colocamos diante do Senhor e achamos que não obtemos respostas. É o caso de Ana, mãe de Samuel. Ela foi ao templo derramar a sua tristeza porque não podia ser mãe. De tal maneira entregou sua angústia a Deus que foi interpretada como se estivesse embriagada. Ao sair do templo, ainda não tinha nenhuma resposta ao seu pedido, mas "o seu semblante já não era triste". É assim que Deus faz sempre. Ele nos dá consolo e paz. Transforma o nosso pranto em alegria quando, de fato, deixamos sobre ele as nossas preocupações.

O que é fundamental?

Prosseguir firmemente em Jesus, nos embates da vida, na certeza de que ele transforma as crises em oportunidades e o nosso choro em um hino de louvor ao nosso Deus.

Quando ainda muito jovens chorávamos a partida de meu pai, o mundo pareceu desabar, não víamos como prosseguir. Mas Deus nos deu a certeza da sua presença constante, nos ajudou nessa crise, supriu as nossas necessidades e nos deu grandes oportunidades de vencer, pois depositamos nele toda a nossa confiança, o que não foi fácil.

O que fazer?

Você tem chorado lágrimas de tristeza, não enxerga nada além do horizonte? Tem passado por intermináveis noites de aflição? Então, que tal pensar de modo prático como você poderá vencer esses momentos?

- Pense que Deus nos criou para vivermos em comunhão com ele e que, portanto, devemos exaltar o seu nome. É quando exaltamos o nome do Senhor que a alegria vem.
- Experimente expressar-se diante de Deus com cânticos de louvor.
- Agradeça ao Criador os momentos em que você se sentiu amparado por ele.

A tristeza continua? Você se sente incapaz de se alegrar? Continua se sentindo num vale de lágrimas? Você não é a única pessoa no mundo a se sentir assim. Como você, muitas pessoas estão sofrendo e derramando rios de lágrimas. Então, continue se exercitando diante de Deus.

- Procure compreender o amor que ele tem demonstrado por você nos mínimos detalhes de sua vida.
- Peça ao Senhor que transforme suas experiências negativas em positivas.
- Lembre-se de que a alegria que Deus promete não é a de uma vida sem problemas, mas a certeza de que, mesmo em meio às mais terríveis aflições, ele está conosco, estende-nos a mão, e nos dá condições de prosseguir.

Pare e pense:

"Vocês se entristecerão, mas a tristeza de vocês se transformará em alegria [...] Agora é hora de tristeza para vocês, mas eu os verei outra vez, e vocês se alegrarão, e ninguém lhes tirará essa alegria" (João 16:20,22).

Coloque-se diante de Deus

Só há condições de sermos realmente alegres e de exaltar o nome do Senhor quando reconhecemos a nossa fragilidade, a nossa insignificância. Nada somos, mas Deus nos vê, nos tira do mais profundo abismo e nos molda segundo o seu querer. A ele devemos glorificar, nele devemos aguardar.

Torne esse texto real em sua vida

- 📖 "Vocês se entristecerão, mas a tristeza de vocês se transformará em alegria." → Preciso lembrar sempre que tristezas são comuns a todos; porém, se eu confiar no amor de Deus por mim, ele há de transformar a minha tristeza em alegria.
- 📖 "[...] Agora é hora de tristeza para vocês, mas eu os verei outra vez..." → Devo pensar que, mesmo quando a tristeza vier bater à minha porta, ela não permanecerá para sempre, pois o Senhor virá sempre ao meu encontro.

📖 "...e vocês se alegrarão, e ninguém lhes tirará essa alegria."

→ Manterei a firme convicção de que, tendo Deus comigo, fortalecendo a minha comunhão com ele, nenhuma tristeza, por maior que seja, sufocará a alegria que vem do Senhor. Ninguém poderá tirar a minha alegria porque ela é firmada no Cristo vitorioso, que não ficou na sepultura.

Capítulo 29

Um Deus acessível

Deus em Cristo estava reconciliando consigo o mundo, não lançando em conta os pecados dos homens, e nos confiou a mensagem da reconciliação.
— 2Coríntios 5:19

A desobediência gerou grande abismo entre Deus, o Criador, e o homem e a mulher, por ele criados. Eles deram ouvidos à voz do enganador, cederam à tentação de se tornar autossuficientes e assim se afastaram do Pai. Eles haviam recebido a ordem: "Não comam do fruto da árvore que está no meio do jardim, nem toquem nele; do contrário vocês morrerão" (Gênesis 3:3). Mas Satanás, disfarçado de serpente, colocou a semente da dúvida no coração deles: "Certamente não morrerão!" (Gênesis 3:4). Deus havia dado uma ordem, e a proposta satânica era que eles a desobedecessem. É sempre assim que acontece, a tentação ao pecado surge como algo viável, algo que parece bastante razoável. A Palavra de Deus diz: "Há caminho que parece certo ao homem, mas no final conduz à morte" (Provérbios 14:12). Você firmou em seu coração evitar esses caminhos, mas aparecem falsos amigos e dizem: "Não é bem assim, você não vai morrer." A tentação começa quando duvidamos de valores inquestionáveis. Se Deus falou, só me resta acreditar; se está na Palavra de Deus, não me cabe questionar, mas tão somente seguir.

O pecado afasta a pessoa de Deus. E assim aconteceu, Adão e Eva fugiram da presença divina: "Ouvindo o homem e sua mulher os passos do Senhor Deus que andava pelo jardim quando soprava a brisa do dia, esconderam-se da presença do Senhor Deus entre as árvores do jardim" (Gênesis 3:8). Apesar da fuga, o Criador buscou o casal: "Mas o Senhor Deus chamou o homem, perguntando: 'Onde está você?' E ele respondeu: 'Ouvi teus passos no jardim e fiquei com medo, porque estava nu; por isso me escondi'." (Gênesis 3:9,10). Ao ler o capítulo 3 do livro do Gênesis, encontramos a continuação da história: como consequências do pecado vieram os desentendimentos, a transferência da culpa e os castigos (ver Gênesis 3:11-20).

Deus falou da inimizade entre a mulher e a serpente. "Porei inimizade entre você e a mulher, entre a sua descendência e o descendente dela; este lhe ferirá a cabeça, e você lhe ferirá o calcanhar" (Gênesis 3:15). Trata-se da ideia de que uma luta entre as pessoas (a descendência da mulher e a serpente, o Tentador) haveria de ser travada. E assim tem sido: serpentes mordem e destilam seu veneno nas pessoas, as quais perseguem e matam aquelas. A ação "esmagar a cabeça da serpente", no entanto, adquire um sentido de esperança; chegamos ao ponto em que Deus sacrifica um animal e veste o homem e a mulher, cobrindo a nudez em que se encontravam.

É válido ressaltar que em meio a toda a rebeldia do homem e da mulher, Deus não desistiu deles. Preste atenção no seguinte relato: "O Senhor Deus fez roupas de pele e com elas vestiu Adão e sua mulher" (Gênesis 3:21). Aqui está não só o cuidado de Deus para com eles, providenciando-lhes vestes com a finalidade de lhes cobrir a nudez, mas também o detalhe nem sempre percebido: para que as roupas fossem feitas de peles de animais, foi necessário um sacrifício; o sangue de um animal inocente foi derramado por causa do pecado. Foi o primeiro holocausto da história! O sacrifício maior, todavia, aconteceria no tempo de Deus. Ele haveria de enviar seu único filho ao mundo para ser imolado na cruz do Calvário, a fim de salvar as pessoas de seus pecados. No mais conhecido versículo da Bíblia, temos a afirmação de Jesus: "Deus tanto amou o mundo que deu o seu Filho

Unigênito, para que todo o que nele crer não pereça, mas tenha a vida eterna" (João 3:16).

A fim de cumprir o plano de Deus de abrir o caminho para que as pessoas outra vez tivessem comunhão com o Senhor, Jesus Cristo veio ao mundo com a missão de esmagar a cabeça da serpente. A esse respeito, Paulo afirmou: "Em breve o Deus da paz esmagará Satanás debaixo dos pés de vocês" (Romanos 16:20). Jesus mesmo falou de sua vinda a este mundo como missão de busca e salvamento: "O Filho do homem veio buscar e salvar o que estava perdido" (Lucas 19:10). Em outras palavras, Jesus veio para tornar outra vez possível o acesso a Deus que o pecado destruiu. Ele garantiu: "Eu vim para que tenham vida, e a tenham plenamente" (João 10:10); "Eu sou o caminho, a verdade e a vida. Ninguém vem ao Pai, a não ser por mim" (João 14:6).

Esse é o Deus maravilhoso que não desistiu de nós! Como tão bem descreveu o apóstolo Paulo:

> Embora sendo Deus, não considerou que o ser igual a Deus era algo a que devia apegar-se; mas esvaziou-se a si mesmo, vindo a ser servo, tornando-se semelhante aos homens. E, sendo encontrado em forma humana, humilhou-se a si mesmo e foi obediente até a morte, e morte de cruz. (Filipenses 2:6-8)

Foi realmente a fim de possibilitar a nossa comunhão com Deus que Jesus Cristo veio a este mundo e morreu, nos dando a vida. Em Jesus de Nazaré, o Deus feito homem que não se apegou à sua divindade e se tornou gente para morrer pelas pessoas, encontramos o Deus acessível que vem ao nosso encontro, resgatando-nos do pecado e da morte.

O que é fundamental?

Aproveitar enquanto é tempo o acesso que Deus nos providenciou ao nos enviar Jesus Cristo para pagar o preço de nosso resgate, possibilitando-nos a comunhão com o Criador.

A história do sr. Bartimeu, um deficiente visual que mendigava, é bem interessante. Quando soube que Jesus passaria próximo a ele, começou a gritar "Jesus, Filho de Davi, tem misericórdia de mim!" Ele gritou tanto que as pessoas o repreenderam, mandando que calasse a boca; contudo, quanto mais o repreendiam, mais ele aumentava o volume de sua voz. Jesus, ao contrário, parou e pediu que ajudassem a trazê-lo até a sua presença. Ao ouvir que Jesus o chamava, Bartimeu pulou rapidamente e caminhou até onde o Filho de Deus estava. Cristo perguntou ao homem o que ele desejava, e Bartimeu respondeu: "Mestre, eu quero ver!" Diante dessa afirmação, Jesus disse: "Vá, a sua fé o curou." Imediatamente o cego recuperou a visão e seguiu Jesus pelo caminho (Mateus 10:46-52). Veja o quanto o sr. Bartimeu foi inteligente. Quando foi informado de que o Filho de Deus passava pelo mesmo local onde estava, aproveitou a oportunidade para colocar a sua causa diante dele. Queria passar a ver e sabia que Jesus tinha o poder para restaurar a sua saúde.

Pena que muita gente não se preocupe com o tempo de buscar a Deus. O profeta Isaías afirmou:

> Busquem o SENHOR enquanto se pode achá-lo; clamem por ele enquanto está perto. Que o ímpio abandone o seu caminho, e o homem mau, os seus pensamentos. Volte-se ele para o SENHOR, que terá misericórdia dele; volte-se para o nosso Deus, pois ele perdoará de bom grado. (Isaías 55:6,7)

O que fazer?

A direção certa na vida é caminhar sempre no propósito de achar o Criador, de viver na presença dele. Tentar fugir de Deus é uma experiência que resultará sempre em frustração. Jonas foi chamado pelo Senhor para pregar na cidade de Nínive. O orgulho fez com que ele fugisse — segundo a história, "Jonas fugiu da presença do Senhor, dirigindo-se para Társis" (Jonas 1:3). No entanto, ele não esperava

Viver com Deus é uma bênção

que a viagem fosse tão problemática. O navio em que embarcou estava prestes a naufragar. Quando se apresentou como a causa do problema, por estar indo na direção contrária à do plano de Deus para sua vida, Jonas preferiu morrer a obedecer e disse: "Peguem-me e joguem-me ao mar, e ele se acalmará. Pois eu sei que é por minha causa que esta violenta tempestade caiu sobre vocês" (Jonas 1:12). Por conhecer o amor de Deus, Jonas poderia ter escolhido a opção do arrependimento, mas não estava disposto a mudar de rumo! Quantas vezes tem acontecido dessa maneira, quantas vezes as pessoas pagam um preço terrível pela opção de ficar distante de Deus? No entanto, apesar de toda a rebeldia de Jonas, Deus insistiu na sua misericórdia. Jogado ao mar, foi engolido por um grande peixe, em cujo ventre orou a Deus, ressaltando e revelando atitude de gratidão perante o Senhor (ver Jonas 2:1-9). Como resultado, Deus manifestou maravilhosamente a sua compaixão e fez o peixe conduzir Jonas exatamente para onde o Senhor queria que ele fosse (ver Jonas 2:10). A vida de Jonas foi conservada e ele pregou em Nínive, como era o plano de Deus.

Na verdade, quanto mais as pessoas se afastam de Deus, mais o grande amor dele se manifesta: "Deus demonstra seu amor por nós: Cristo morreu em nosso favor quando ainda éramos pecadores. Como agora fomos justificados por seu sangue, muito mais ainda, por meio dele, seremos salvos da ira de Deus!" (Romanos 5:8,9).

- Saiba que Deus o ama e que esse amor é demonstrado constantemente. Contudo, a maior prova da grandiosidade de sua misericórdia dada por ele foi o envio de Jesus como o Deus presente para nos dar a verdadeira libertação.
- Reflita sobre o rumo que sua vida tem tomado e descubra o que você pode fazer para manter constante comunhão com Deus.

Ao tomar a iniciativa de vir ao nosso encontro, Deus nos deu a prova mais concreta do seu amor. Ele veio até nós por meio de Jesus

Cristo, seu filho, mas nós também precisamos aceitar esse amor e ir até ele, pela fé em Jesus. Uma grande amizade exige reciprocidade, pois o amor não correspondido resulta em frustração.

- Vá à presença de Deus constantemente. Apresente-se a ele, em oração, demonstre sua gratidão por tudo o que tem recebido. Expresse o seu amor a esse Deus maravilhoso que tanto nos ama.
- Coloque Deus como o centro de sua vida. Peça a orientação dele para todas as suas decisões; firme os seus passos na vontade do Senhor, revelada na Bíblia Sagrada. Para isso, leia o livro diária e constantemente. Não se esqueça de que ele está perto de todos os que verdadeiramente o buscam.

Pare e pense

"Aquele que é a Palavra estava no mundo, e o mundo foi feito por intermédio dele, mas o mundo não o reconheceu. Veio para o que era seu, mas os seus não o receberam. Contudo, aos que o receberam, aos que creram em seu nome, deu-lhes o direito de se tornarem filhos de Deus, os quais não nasceram por descendência natural, nem pela vontade da carne nem pela vontade de algum homem, mas nasceram de Deus" (João 1:10-13).

Coloque-se diante de Deus

A vinda de Jesus ao mundo é um fato incontestável. Ele veio e revelou a glória de Deus. Ele se fez gente e com as pessoas conviveu: "Aquele que é a Palavra tornou-se carne e viveu entre nós" (João 1:14a). A esse respeito, João continuou: "Vimos a sua glória, glória como do Unigênito vindo do Pai, cheio de graça e de verdade" (João 1:14b). Qual é a diferença que Jesus tem feito em sua vida? Sua experiência com ele tem sido real? João e Pedro, seus discípulos, testemunharam a esse respeito. O segundo garantiu:

Viver com Deus é uma bênção

Não seguimos fábulas engenhosamente inventadas, quando lhes falamos a respeito do poder e da vinda de nosso Senhor Jesus Cristo; pelo contrário, nós fomos testemunhas oculares da sua majestade. (2Pedro 1:16)

O primeiro ofereceu detalhes da convivência pessoal com Jesus:

O que era desde o princípio, o que ouvimos, o que vimos com os nossos olhos, o que contemplamos e as nossas mãos apalparam — isto proclamamos a respeito da Palavra da vida. A vida se manifestou; nós a vimos e dela testemunhamos, e proclamamos a vocês a vida eterna, que estava com o Pai e nos foi manifestada. Nós lhes proclamamos o que vimos e ouvimos para que vocês também tenham comunhão conosco. Nossa comunhão é com o Pai e com seu Filho Jesus Cristo. Escrevemos estas coisas para que a nossa alegria seja completa. (1João 1:1-4)

O propósito de João é o que nos tem motivado a escrever, pois queremos que você encontre a verdadeira alegria na comunhão com o Filho de Deus.

Torne esse texto real em sua vida

📖 "Aquele que é a Palavra estava no mundo..." → Preciso reconhecer que Deus veio a este mundo em Jesus Cristo, seu Filho. A encarnação é um fato histórico tão real que dividiu a história em dois tempos: a.C. e d.C., antes e depois de Cristo.

📖 "...e o mundo foi feito por intermédio dele, mas o mundo não o reconheceu. Veio para o que era seu, mas os seus não o receberam." → Quando Jesus veio como homem, foi o Deus Criador, apresentando-se como um Deus acessível, que veio até nós. Eu não quero fazer como aqueles que o viram mas não o reconheceram como Filho de Deus. Eu o recebo pela fé e o adoro como o meu Senhor.

📖 "Contudo, aos que o receberam, aos que creram em seu nome, deu-lhes o direito de se tornarem filhos de Deus..." → Serei eternamente agradecido a Deus por ele ter me dado esse direito de filiação: ao crer em Jesus, sou adotado como membro da Família de Deus.

📖 "...os quais não nasceram por descendência natural, nem pela vontade da carne nem pela vontade de algum homem, mas nasceram de Deus." → O que dá autenticidade à minha participação na Família de Deus não é a nacionalidade nem nenhuma lei criada pelos homens, mas o grande amor desse Deus Acessível, que veio ao meu encontro, me acolheu e me salvou.

Capítulo 30

De braços abertos

Estando ainda longe, seu pai o viu e, cheio de compaixão,
correu para seu filho, e o abraçou e beijou.
— Lucas 15:20

O que pode esperar um filho que se rebela contra o Pai e vai embora para longe, desperdiçando os seus bens em uma vida sem freios? Jesus contou a história de um filho que agiu assim. Parecendo insatisfeito com o pai, com o irmão e com a própria vida, ele resolveu fazer uma exigência louca ao velho pai: queria a parte dos bens que lhe cabia. Já pensou na tristeza de um pai ao ver o filho querido fazendo isso? Era como se o filho dissesse ao pai que já estava cansado de viver com ele, e já que seu genitor demorava para morrer, queria que os bens fossem repartidos, a fim de que pudesse receber a parte que lhe cabia na herança e ir embora. E foi o que aconteceu.

O pai, em sua bondade, repartiu os bens entre os filhos. Recebida a parte da herança que cabia a esse filho, o mais novo, nosso personagem tratou de transformar tudo o que havia recebido em dinheiro. Na pressa pela partida, procurou de imediato alguém que comprasse suas terras, e "não muito tempo depois [...] reuniu tudo o que tinha, e foi para uma região distante" (Lucas 15:13).

Julgando agora estar de posse da tão sonhada liberdade, pôs-se a gastar sem limites e, assim, desperdiçou tudo o que possuía, vivendo desordenadamente. Na época, houve grande fome no lugar onde morava. Imagine só, distante de casa, sem dinheiro e sem condições de trabalho, ele começou a padecer necessidade.

A fome naquele país não era a causa da situação de penúria em que se encontrava, a razão do seu fracasso foi o afastamento do pai e o deslumbramento de se entregar a uma vida sem limites. É assim que acontece ainda hoje. Quantas pessoas têm se afastado de Deus e desperdiçado os seus mais preciosos valores! Distante do Pai Celestial, a vida finda em fracasso: o que parecia aventura termina em desventura.

Lá estava o rapaz, em um país distante, sem o pai, sem amigos, sem experiência e sem trabalho, amargando terrível solidão. O que parecia ser um sonho virou um pesadelo. Nesse momento, se lembrou de um personagem raro em tempos de seca e de fome — um homem que tinha condições de lhe dar um emprego. Ele tentou se aproximar desse fazendeiro, que resolveu oferecer um trabalho humilhante para o jovem estrangeiro. A proposta de emprego era cuidar de porcos (o mais indigno trabalho para um judeu), trabalho que certamente não aceitaria, tamanha a vergonha. A fome, entretanto, falou mais alto que o orgulho nacionalista, e o jovem, deixando de lado toda dignidade, foi cuidar daqueles animais. De tão faminto, tinha vontade de comer o alimento dos porcos, mas ninguém lhe dava nada. Quanta frustração, quanto fracasso para alguém que se afastou do pai e abandonou todos os valores!

Em estado de completa desgraça, em um beco sem saída, sentindo--se perdido e não sabendo o que fazer, o rapaz então começou a raciocinar construtivamente. Ele pensou no contraste entre a penúria que vivia e a fartura existente na casa do pai: "Quantos empregados de meu pai têm comida de sobra, e eu aqui, morrendo de fome!" (Lucas 15:17).

Somente a pessoa que cai em si tem condições de se ver além da casca. Assim, ao perceber a maneira como vivia, o filho pródigo permitiu que a máscara caísse: o show terminava, a ficção cedia lugar à realidade. O problema não era o fato de os trabalhares do pai terem fartura, mas de haver ele desprezado toda a fartura para morrer de fome, distante do pai. O pródigo caiu em si quando os seus sonhos se transformaram em pesadelos; nesse momento, seu mundo de ilusões esbarrou na realidade do vazio, e esse processo de autorreflexão foi lento e doloroso.[24]

Ele sabia que precisava voltar, mas seria necessário ser muito corajoso para tomar essa decisão. Era um tempo de reflexão: quando saiu de casa, estava fora de si; agora, entretanto, caíra em si. Ao sair, julgava-se ser autossuficiente, mas agora ele sabia o quanto era carente. Pensou que poderia viver sem pai; a realidade, contudo, era que não podia ficar sem ele.

O caminho da volta, no entanto, não foi tão atraente quanto o de ida. A queda da aventura à desventura deixou cicatrizes profundas. Algumas pessoas orgulhosas não teriam condições de decidir voltar. Você teria coragem? Espere, o rapaz está pensando, vamos ver o que acontece. Alguns detalhes precisam ser considerados. Os rapazes da aldeia onde ele morava iriam querer pegá-lo. Ele sabia que não seria bem recebido pelos seus antigos amigos. Afinal, ao rejeitar o pai, desprezou também a aldeia que o viu nascer. Precisava encontrar um meio de chegar à presença do pai antes de ser humilhado e agredido pelos ex-colegas. Quanta dificuldade! Para completar, havia o irmão mais velho. Ah, esse irmão... Ele não disse nada quando o mais novo tomou aquela decisão louca, ficou calado; não seria fácil ser recebido por ele também. Eram muitas as barreiras que precisavam ser removidas até a volta, mas ele continuou firme. Perguntou-se também como seria o encontro com o pai. O filho sabia que seria recebido, mas não se atreveria a pedir para voltar à condição de filho, pois não queria complicações com o irmão. Assim, quando resolveu pegar o caminho de volta, pensou nas palavras que diria ao chegar diante do

---

[24]MORAES, no prelo, p. 36.

pai: "Pai, pequei contra o céu e contra ti. Não sou mais digno de ser chamado teu filho; trata-me como um dos teus empregados" (Lucas 15:18,19). Então, ao pensar no que diria quando estivesse diante do pai, pôs-se a caminhar.

Apesar de planejar a confissão da culpa e a admissão de sua indignidade, ele conservava o tratamento de pai para aquele a quem um dia desprezou em troca de uma aventura que só trouxe desventura. Da condição de filho ele passaria à categoria de serviçal subempregado e não teria mais direitos nem vantagens: havia abandonado o pai e jogado fora as suas prerrogativas de filho. Chegou, então, o momento em que ele se deu conta de haver, de fato, fracassado. "Não sou digno de ser chamado teu filho" — essa é a clara confissão de quem admite não ter condições de exigir nada. A única alternativa era apelar para a misericórdia do pai. O arrependimento do filho perdido mostra que "um coração arrependido não faz exigências, antes reconhece que somente Deus em sua misericórdia pode oferecer alívio"[25]

Um fato curioso, entretanto, estava para acontecer. Quando estava ainda bem longe da Aldeia, o pai o enxergou. Que boa visão a desse homem! Mais que isso, que amor profundo tinha esse pai! Ele estava ali, de olho na estrada, à espera do filho.

Por conhecer os costumes, ele sabia que o filho seria muito humilhado ao tentar entrar na aldeia. Antes de o filho falar a primeira palavra, o pai abriu os braços para dar um abraço e um beijo de boas-vindas. O filho começou a dizer o que havia planejado: "Pai, pequei contra o céu e contra ti. Não sou mais digno de ser chamado teu filho...", mas não foi necessário completar o discurso, pois o pai o interrompeu para tratar dos detalhes de sua recepção. Ele não precisou pedir para ser aceito como um empregado porque já havia sido recebido como filho. O pai pediu aos servos que providenciassem os detalhes necessários, vestes dignas, calçados e um anel.

---

[25] BOCK, 2000, p. 407.

O que é fundamental?

Viver em comunhão com Deus, o nosso Pai, que de braços abertos espera a volta de todos os que pela fé firmam o compromisso de seguir e obedecer ao Senhor Jesus.

Nada pode descrever o amor de Deus para conosco. O filho havia perdido todos os seus direitos, mas o pai o recebeu em amor. Raymund Bailey sugere que a compaixão do pai tem a ver especificamente com a consciência da punição que o filho enfrentaria ao voltar para a Aldeia. "E então o pai sofre essa punição por ele, ao correr através da aldeia, assumindo uma postura humilhante enquanto o faz!"[26] A melhor maneira de tentar compreender a atitude do pai é considerar as palavras do profeta Isaías: "O castigo que nos trouxe paz estava sobre ele, e pelas suas feridas fomos curados" (Isaías 53:5). É exatamente assim que age Deus, o nosso Pai, ele assume a nossa indignidade para nos tornar dignos, ele está pronto a receber o filho que se arrepende e volta ao lar.

O que fazer?

Há muita gente hoje em situação idêntica à da multidão que abandonou Jesus. São pessoas que vivem à espera de mais um milagre. Deus realiza milagres, o poder dele é ilimitado, mas o maior milagre ele já realizou — Jesus pagou o preço da nossa salvação (vidas vazias encontram sentido nele). Responda diante de Deus com toda a sinceridade às perguntas a seguir.

- Qual é o propósito de Deus para a minha vida? Por que nasci? Tenho considerado o fato de que a vida é um presente de Deus e que fui criado por ele à sua imagem e semelhança?
- Qual é o propósito do meu viver? Por que nasci? Tenho considerado a ideia de que o pai de braços abertos representa o Deus feito homem, com os braços estendidos na cruz? Ele dá a vida para nos livrar da morte. Ao morrer, ele nos recria com a capa-

---

[26]BAILEY, 1989, p. 227.

cidade de servir e de viver para honrar e glorificar ao nosso Criador. No cenário do sofrimento e da crucificação de Jesus, veja o Deus de braços abertos.

Em meu lugar

Traído por um discípulo,
preso, arrastado pelas ruas,
levado de audiência em audiência...
Negado por um amigo, acusado,
caluniado, humilhado,
trocado por Barrabás,
entregue para ser morto,
envergonhado, açoitado,
coroa de espinhos a ferir-lhe a fronte...
Assim o vejo em meu lugar.
Pesada cruz às costas,
esbofeteado, caído,
sem mais poder andar...
Chegando com a cruz ao Calvário,
sofrido, cansado, ensanguentado,
para assim morrer em meu lugar.
Pregado ao madeiro por mãos ímpias,
blasfemado, insultado, injuriado...
Ele assume o meu lugar.
Cravos a traspassar seu corpo,
braços estendidos,
mãos feridas, pés feridos,
Ele sofre pra me salvar...
Assim esteve no Calvário
Jesus, meu Senhor!
Perdão pediu para os algozes,
salvou o malfeitor penitente,

silenciou os insultos,
fez do centurião um crente.
Quanta dor ele sofreu,
até poder ao Pai falar:
"Consumado está!"
Era o meio de eu me reconciliar
com Deus;
de o seu perdão obter...
Era a minha salvação
sendo providenciada.
Quando penso no Calvário,
no Cristo que ali sofreu,
sou-lhe mais e mais agradecido
porque aquele lugar era meu.[27]

- Assumo o compromisso de meditar sempre no sofrimento de Jesus, lembrando que tudo o que ele suportou foi em meu lugar, que ele pagou o preço do meu perdão, da minha libertação.
- Será minha obrigação e, mais que isso, meu privilégio participar do sofrimento de Jesus: deixarei de lado os meus interesses pessoais, tomarei diariamente a minha cruz e seguirei o Senhor.

Pare e pense

"O que era desde o princípio, o que ouvimos, o que vimos com os nossos olhos, o que contemplamos e as nossas mãos apalparam — isto proclamamos a respeito da Palavra da vida. A vida se manifestou; nós a vimos e dela testemunhamos, e proclamamos a vocês a vida eterna, que estava com o Pai e nos foi manifestada. Nós lhes proclamamos o que vimos e ouvimos para que vocês também tenham comunhão conosco. Nossa comunhão é com o Pai e com seu Filho Jesus Cristo" (1João 1:1-3).

---

[27]MORAES, 2010, p. 52.

Coloque-se diante de Deus

Ouvi o dr. Glendon Mac Kaller contar sobre sua viagem à China. Ele mencionou a seguinte experiência vivida na ilha Formosa. Um grupo de nativos cantava com toda vontade um hino muito lindo. O guia que o acompanhava perguntou-lhe:

— Sabe o que eles estão cantando?

Ele respondeu:

— A letra não posso entender; a música, porém, é conhecida.

O guia, então, prosseguiu:

— Eles cantam a experiência que estão vivendo agora. Eles resolveram seguir Jesus e por causa de sua fé enfrentam perigos. Tiveram de deixar seus bens, seus pais, seus amigos... Perderam tudo, todavia ganharam o bem maior, eles têm Jesus, e isso lhes satisfaz. Eles cantam o que vivem.

Estou seguindo a Jesus Cristo, deste caminho eu não desisto,
Estou seguindo a Jesus Cristo, atrás não volto nunca mais.
Se me deixarem os pais e amigos, se me cercarem muitos perigos,
Se me deixarem os pais e amigos, atrás não volto nunca mais.
Atrás o mundo, Jesus na frente, Jesus, o guia onipotente,
Atrás o mundo, Jesus na frente, atrás não volto nunca mais.
Depois da luta, vem a coroa, a recompensa é certa e boa,
Depois da luta, vem a coroa, atrás não volto nunca mais.[28]

Quantas vezes cantamos com grande entusiasmo, mas sem pensarmos na mensagem que entoamos? Estamos prontos a permanecer firmes em seguir a Jesus?

---

[28]MORAES, 2010, p. 72.

Torne esse texto real em sua vida

📖 "O que era desde o princípio..." → Reconheço que Jesus, o Deus feito homem, é eterno: estava no princípio com Deus e era Deus. Os discípulos sentiram de perto essa realidade pela convivência, e eu a reconheço pela fé que tenho nele.

📖 "...o que ouvimos, o que vimos com os nossos olhos, o que contemplamos..." → Ouço Jesus falar, vejo as maravilhas que ele realiza e o contemplo com os olhos da fé. Seus primeiros seguidores tiveram o privilégio de ver, ouvir e contemplar o Mestre pessoalmente; nós temos privilégio ainda maior de crer sem ver fisicamente.

📖 "...e as nossas mãos apalparam — isto proclamamos a respeito da Palavra da vida." → Quero estar tão perto de Jesus quanto os discípulos que puderam tocar nele e, mesmo sem ter essa experiência física, desejo que minha experiência espiritual seja tão profunda a ponto de eu poder anunciar que ele é a Palavra da vida.

📖 "A vida se manifestou; nós a vimos e dela testemunhamos E proclamamos a vocês a vida eterna, que estava com o Pai e nos foi manifestada. Nós lhes proclamamos o que vimos e ouvimos..." → Peço a Deus que a minha experiência com Jesus seja vista no meu modo de viver; que não a minha palavra, mas as minhas ações deem testemunho da vinda de Jesus.

📖 "...para que vocês também tenham comunhão conosco. Nossa comunhão é com o Pai e com seu Filho Jesus Cristo." → Com a ajuda de Deus, quero que a minha comunhão com Jesus sirva para atrair outras pessoas à mesma comunhão.

Conclusão

Chegamos ao final, porém ele é simplesmente o começo. Viver em comunhão com Deus não é um exercício para uma temporada, não é algo que fazemos hoje e largamos amanhã; pelo contrário, é um estilo de vida, algo para ser vivido o tempo todo. A experiência de Davi comprova essa realidade: "Uma coisa pedi ao SENHOR, é o que procuro: que eu possa viver na casa do SENHOR todos os dias da minha vida, para contemplar a bondade do SENHOR e buscar sua orientação no seu templo" (Salmos 27:4). Para nós, não significa que tenhamos de procurar um templo para podermos nos encontrar com Deus. Com Jesus, a adoração a Deus ganha um significado mais profundo: não é ao irmos a um templo que o encontramos, mas na adoração autêntica. Jesus disse: "Creia em mim, mulher: está próxima a hora em que vocês não adorarão o Pai nem neste monte, nem em Jerusalém [...] No entanto, está chegando a hora, e de fato já chegou, em que os verdadeiros adoradores adorarão o Pai em espírito e em verdade. São estes os adoradores que o Pai procura. Deus é espírito, e é necessário que os seus adoradores o adorem em espírito e em verdade" (João 4:21,23,24).

A empreitada é exigente: o vazio é vencido, encontramos respostas para as nossas perguntas, saciamos a sede espiritual, aprendemos a ouvir e a crer, sabendo que é necessário ter fé; a experiência envolve toda a nossa vida, pois Deus nos ouve e a nossa relação com ele é pessoal e intransferível. Para tanto, nos dispomos a uma mudança verdadeira, sabendo que encontramos um valor maior. Descobrimos que na vida com Deus não há razão para a depressão, pois ele nos vacina contra o medo e, assim, pela fé, podemos ver o invisível e vencer em Cristo, mesmo em meio aos escombros, porque o Senhor está conosco. Nessa jornada, não podemos esquecer que os outros são importantes e, por isso, devemos praticar o perdão. Não é possível negligenciar o fato de que a vontade divina é soberana, por isso a todo o momento devemos indagar: o que Deus quer? Então, percebemos que há uma diferença: precisamos desprezar aparentes valores que acabam desvalorizando quem os valoriza. A comunhão com Deus nos faz descobrir a riqueza na pobreza, capacitando-nos a viver alegremente o tempo todo e a vivenciar a paz na aflição. Essa é a bênção maior. Na vida com Deus, nós o conhecemos como nosso pastor e, por isso, de nada teremos falta, o que é até melhor que dinheiro, pois aprendemos a esperar o tempo de Deus, sem temer a morte, sabendo que a alegria vem, porque o nosso Criador é um Deus acessível e está pronto para nos receber de braços abertos.

Neste ponto, terminada a leitura do livro, é importante que o seu propósito de viver diante de Deus esteja firme. Nosso ideal deve ser igual ao do salmista ("eu te bendirei enquanto viver" — Salmos 63:4), que se refere não só ao louvor cantado, mas também a nossa disposição de viver para agradar a Deus, de todo o nosso coração. Essa comunhão exige um novo estilo de vida e, para alcançá-lo, devemos orar: "Desvia os meus olhos das coisas inúteis; faze-me viver nos caminhos que traçaste" (Salmos 119:37).

Deus o abençoe grandemente.

Notas bibliográficas

SANTO AGOSTINHO. *Confissões*. São Paulo: Editora das Américas, 1964. v. 4.

ALEXANDER, T. Desmond; ROSNER, Brian S. (Eds.). *Novo dicionário de teologia bíblica*. São Paulo: Vida, 2000.

BAILEY, Kenneth. *As parábolas de Lucas*. São Paulo: Vida Nova, 1989.

BARBOSA, Rui. *Discursos, orações e conferências*. São Paulo: Iracema, 1965. v. 1.

FERREIRA, Aurélio Buarque de Holanda. *Novo dicionário da Língua Portuguesa*. Rio de Janeiro: Nova Fronteira, 1986.

Hinário para o culto Cristão. Rio de Janeiro: Juerp, 1994.

MANLEY, Jack. *Jorge Müller*. São Paulo: Cultura Editora, [s/d].

MORAES, Jilton. *Ilustrações e poemas para diferentes ocasiões*. São Paulo: Vida, 2010.

_____ . *Além da caminhada*. Brasília. No prelo. Digitalizado.

_____ . *Homilética da pesquisa ao púlpito*. São Paulo: Vida, 2005.

_____ . *Homilética do púlpito do ouvinte*. São Paulo: Vida, 2008.

_____ . *Pregando na parábola do pródigo*. Trabalho inédito. Digitalizado.

MULHOLLAND, Edith Brock. *Hinário para o culto cristão*: notas históricas. Rio de Janeiro: Juerp, 2001.

Revista *Cristianismo Hoje*.

OLIVEIRA, Moisés Marinho de. *7 mil ilustrações e pensamentos*.

POLLOCK, John. *Moody*: uma biografia. São Paulo: Vida, 2005.

http://pt.wikipedia.org; acessado em 30/09/2012.

Este livro foi composto em Perpetua 13 e impresso pela
Edigráfica sobre papel Chambril Avena 80g para a
Thomas Nelson Brasil em agosto de 2013.